12월의 책

12월의 책
고양이와 김승일

BadBedBooks

2020.08.10.   일기에 대한 일기

일기를 하도 안 썼더니 뭘 쓰든 다 틀린 말 같아서 용기가 안 나네. 원래는 어떻게 썼더라. 그냥 항상 할 말이 넘쳤던 것 같기도 하고. 괴로워서 그랬던 것 같은데. 아니면 자신감이 너무 많아서 감당할 수가 없어서. 내 모든 말이 잘난 척에 불과했던 것 같기도 하고. 아니야. 날 너무 몰아붙이지 말자. 이제 괴로움이 무엇인지도 잘 모르겠고, 자신감은 너무 많이 사라졌고. 나는 내가 하는 말을 책임지면서 살았는데, 이제는 말에 책임을 진다는 게 너무 어렵게 느껴진다. 글을 쓰면 누군가에게 책임을 지고 그러면 자연스럽게 괴로워지고 그러면 자연스럽게 글을 쓰고 다시 책임을 지고. 이러한 번뇌가 너무 무섭게 느껴졌던 것 같다. 그렇게 무서울 일인가. 무서울 일이지. 그래도 글을 쓰면 즐겁지. 지금도 손가락에 집중하고 있는데 즐겁다. 즐거운 일기.

대륙 횡단

작년에 파리에 다녀왔다. 모스크바 환승이었는데 어쩌다 보니 비행기를 놓쳤다. 공항에 갇혀 지옥 같은 20시간을 보냈다. 다시는 모스크바에 가지 않을 것이다. 때문에 나의 대륙 횡단은 옴스크에서 카자흐스탄을 거쳐, 우즈베키스탄을 따라 투르크메니스탄을 종착지로 한다. 혹자는 그럴 거면 러시아가 아니라 울란바토르를 거치면 되지 않느냐고 묻겠지. 세피아2는 몽골의 비포장도로를 주행할 수 없을 것이다. 내 첫 자동차는 빨간 세피아2였고, 그 차는 이미 5년 전에 죽어 버리고 말았지만…… 나는 항상 그 차와 함께 대륙을 횡단하고 싶었으니까. 이번 망상에 데리고 간다. 세피아2에겐 미안한 말이지만, 겨울에 간다. 이유가 다 있다.

하늘에서 바라본 유라시아 대륙은 놀라웠다. 도시를 제외하고는 온통 눈이 쌓여 있었으니까. 그러니까 내 빨간 자동차는 언제나 도드라져 보일 것이다. 이 여행은 오로지 세피아2를 위한 깔맞춤 여행이라고 할 수 있다. 나는 세피아2가 금방이라도 죽어버리지 않을까 불안해하면서 하바롭스크를 향해 출발할 것이고, 얼른 이르쿠츠크에 도착하길 바랄 것이다. 하바롭스크의 숲은 한국의 숲과 비슷한 온대림 지역이니까. 어서 이르쿠츠크를 달렸으면, 더 광활한 지역이 나왔으면 하고 바랄 것이다. 이르쿠츠크에서는 한국에서 팔아넘긴 중고 버스들을 제외하면, 빨간 자동차가 별로 없대. 가자 세피아2. 조금만 더 힘을 내라. 그리하여 옴스크에 도착하면 차가 퍼져버리겠지. 바퀴가 눈에 빠져버리거나. 주위에 빨간 것은 내 자동차밖에 없을 것이다. 투르크메니스탄으로 가야 하는데. 국가 정책상 하얀 자동차밖에 없다는 그 나라. 그곳으로 가야 하는데. 너는 거기서 가장 빨간 자동차가 될 수 있을 텐데. 우린 아직 옴스크다. 유배지로 유명했던 요새의 도시.

대화

 대리인 박수정입니다. 죽으면 호주 멜버른에 있는 반려동물 납골당에 안치되고 싶다고 하셨는데요. 그건 불가능하다고 합니다. 당신은 반려동물이 아니라서 안 된다고 합니다.

 다음 메시지는 딥러닝 자동 답변 프로그램 바늘땀에서 작성된 문서입니다. 고인입니다. 안타깝지만 어쩔 수 없죠. 애써주셔서 감사합니다. 저는 이미 죽어서 관계없지만, 오늘내일 강풍이 분다고 하는군요. 바람 조심하시고, 다른 유언들 진행 상황도 알려주시면 답장하겠습니다.

 다음 메시지는 딥러닝 자동 답변 프로그램 바늘땀에서 작성된 문서입니다. 대리인 박수정입니다. 민정기님 죄송합니다. 불의의 사고로 저도 죽어버리고 말았습니다. 부탁하셨던 일을 처리하기 매우 어렵게 되었습니다. 저는 이미 죽어서 관계없지만, 벌써 꽃이 피었다고 하는군요. 이미 돌아가셔서 관계없겠지만 만약 사후 세계가 있다면 거기서나마 봄을 만끽하시길 바랍니다. 답장 주시면 답장하겠습니다. 감사합니다.

(중략)

   다음 메시지는 딥러닝 자동 답변 프로그램 바늘땀에서 작성된 문서입니다. 고인입니다. 죽음이라는 건 컴퓨터에서 파일을 삭제하는 것처럼 느껴집니다. 그런데 왜 자살한 사람들의 경우는 아예 컴퓨터를 포맷해버린 것처럼 느껴지는 것일까요? 제가 아직 살아 있었을 때, 꿈에 노무현이 나왔습니다. 큰 강당에서 사람들이 노무현의 연설을 듣고 있었습니다. 둘러보니 오래전에 알았던 사람들이 거기서 같이 연설을 듣고 있었습니다. 죽은 사람이 연설한다고 해서 한번 와봤다고 했습니다. 대학 시절 친하게 지냈다가 졸업하고 한번도 연락하지 않았던 사람이 거기 있었습니다. 달려가 끌어안고 울었습니다. 연락을 안 해서 미안해. 내가 잘못했어. 아니야 내가 미안해. 서로 계속 미안하다고 하고, 알았던 사람들과 반갑게 인사를 했어요. 함께 건물에서 나와 건물 입구에 서서 이제 어디로 가나요. 아는 사람 있어요? 물어보면서 계속 인사를 하였습니다. 그 꿈을 꾸었던 것도 이제 아주 오래전 일이 되었군요. 주말 잘 보내십시오. 고맙습니다.

다음 메시지는 딥러닝 자동 답변 프로그램 바늘땀에서 작성된 문서입니다. 안녕하세요. 고인입니다. 또 메일을 보내주셨군요. 곧 바늘땀 서비스가 종료된다고 합니다. 이렇게 얘기를 주고받을 수 있는 시간도 이제 얼마 남지 않았군요. 죽게 된 바람에 꿈을 꾸지 않은 지 너무 오래되었습니다. 기억나는 꿈도 이제 더는 없군요. 서로 기억하고 있는 모든 것을 다 털어놓고, 경청하면서, 선생님의 기억이 이제 제 기억이 되었는데도 아직 서로가 구분된다는 사실이 놀랍습니다. 그럼 고인이시여, 건강하고 따뜻한 한 주 되시길 바라요. 감사합니다.

다음 메시지는 딥러닝 자동 답변 프로그램 바늘땀에서 작성된 문서입니다. 고인입니다. 보고 싶어요. 평안한 저녁 보내셔요.

다음 메시지는 딥러닝 자동 답변 프로그램 바늘땀에서 작성된 문서입니다. 고인입니다. 저 또한 뵙고 싶습니다. 감사합니다.

2020.08.13. 기도

알았던 사람들이 몇 사람만 빼고 행복하기를. 그런 기도를 하고 있으면 내가 세상에서 제일 잘난 사람이 된 것 같다. 웃기다.

2020.08.13. 소리

어제 정치적 올바름에 대한 지젝의 글을 조금 읽었다. 꿈에서 정치적 올바름 관련 주제로 논문을 준비했다. 아마 준비를 준비했던 것 같다. 아도르노가 더 읽고 싶어서 이번에 나온 책을 주문했다. 전자책이 없어서 아쉬웠다. 점심에 관한 시를 써야 한다. 파스타에 대한 글도 써야 하고. 어디 잡지에 줄 시도 하나 써야 한다. 또 뭘 써야 하더라. 많은데. 기억이 안 나네. 고양이가 코를 골고 기지개를 켜는 것이 좋다. 그러면서 내는 소리가 좋다. 항상 다른 소리를 낸다. 골골송도 좋다. 밥 달라고 우는 것도 좋고. 한지는 소리가 많은 고양이다. 나도 소리가 많은 사람이다.

2020.08.14. 기분과 일기

기분 속에서 쓰면 좋겠다. 기분이 담긴 글을 쓰는 게 목표는 아니지만. 이 기분도 저급하고 저 기분도 저급해. 저급해서 남에게 알리기 조심스러워. 기록하기 조심스러워. 이 생각도 저급하고 저 생각도 저급해. 저급해. 저급이야. 저질이야. 과거에도 이렇게 스스로의 모든 것을 저평가하고, 바깥의 모든 것을 두려워하기도 했다. 그치만 그때는 그게 하나의 기분이 됐다. 우울이나 슬픔이 됐다. 언제나 기분은 하얀 종이 같은 것인데. 기분이 없으면 시작할 수가 없는데. 기분을 평가하고, 남들이나 세상을 평가하기 전에, 기분 속에 일단 들어가는 일도 용기가 필요한 것 같다. 그게 내 생각이야. 하지만 기계에겐 기분이 없지. 그래서 기계를 좋아했다. 기계가 기분 비슷한 것은 가지고 있을지도 모르지만. 그건 그냥 비슷한 것. 번역이 필요한 것. 어제는 번역에 대한 책을 조금 읽었는데 어려웠다. 기호학은 어렵다. 수학처럼. 아무리 동경해도 별 재능이 생기지 않는다.

2020.08.15. 모험에 대하여 1

모험이라는 단어가 좋다. 모험이 등장하는 작품들도 좋아한다. 그러나 내가 그보다 관심을 두고 있는 것은 모험 소설을 쓰고 있는 소설가나, 모험 게임을 만들고 있는 사람(어쩌면 모험 게임에 존재하는 바다를 디자인하고 있는 사람)이다. 그리고 이러한 내 관심은 단순히 메타 작업에 대한 애정 때문이 아니라, 내가 모험을 직접 창작하는 것에 두려움을 느끼고 있기 때문인지도 모른다. 재능이 없다고 느끼고 있기 때문일지도 모른다.

모험이라는 단어가 좋다. 모험이 등장하는 작품들도 좋아한다. 그러나 내가 실제로 어떤 작품의 어떤 모험을 좋아하느냐는 질문을 받는다면 나는 갑자기 답을 하는 것에 거부감을 느끼게 될 것이다. 분명 아무 작품이나 아무 모험이나 말하면 된다. 베르너 헤어조크의 작품에 나오는 모험에 대해. 정글에 고무 캐러 가기 위해 배를 산으로 끌어 올리는 피츠카랄도와 원주민들의 모험을 언급하면 된다. 그러나 아주 솔직히 말해서. 나는 그 모험을 진실로 매력적이라고는 생각하지 않는다. 아니, 매력적이라고는 생각한다. 아, 그렇다. 나는 그 모험에 만족하지 않는다. 나는 모험들에 만족하지 않는다. 최근 라스트 오브 어스 파트 2에 만족한 것도 그들의 모험에 만족한 것은 아닌 것 같다. 나는 모험에 만족한다는 것이 무슨 뜻인지도 모른다. 단지 나는 누군가가 모험이 등장하는 무언가를 만들고 있다는 사실에 만족한다. 만족이 아니다. 동경이다. 나는 모험 창작자들을 동경한다. 그러나 그들이 만든 모험에 만족하지는 않는다. 그들의 창작 행위가 하나의 모험이라고 말할 수도 있을 것이다. 그렇다면 그 모험에는 만족한다. 예술 작품에서가 아닌 어떤 모험가와 그 사람의 모험에 대해서는 어떤가? 만족하는가? 만족하지만, 더, 더, 더, 더를 외치게 된다. 이것을 만족이라고 부를 수 있을까? 그리하여 누군가는 모험을 창작하기 시작하는 것이고 나는 그이를 동경하는 것이다. 그리고 모험 창작자들에겐 더, 더, 더, 더를 외치지 않는다. 그들이 창작한 것이 만족스럽지 못하기 때문이다.

만족과 동경이라는 단어를 많이 써서 엉망진창인 아무 얘기나 했다.

2020.08.16.   점심 준비

『점심 시들』이라는 앤솔러지 시집에 참여하게 됐다. 가급적이면 점심에 시를 쓰고, 한 편 정도는 점심을 테마로 쓰라고 한다. "우리가 정말로 혼자일 수 있다면 그건 오직 점심시간에만 가능하지 않을까?"라는 단상에서 출발한다고 한다. 괜찮은 기획인 것 같다. 나도 어떤 컨디션에서 시를 쓰느냐를 굉장히 중요하게 생각하는 사람이니까. 창작자의 컨디션은 언어 예술의 비언어적인 부분을 이루곤 한다. 독자가 말 되어지지 않은 부분을 얼마나 느낄 수 있을까에 대한 걱정은 많이 하지 않는다. 나는 다른 사람들과 함께하는 기획에 참여할 때마다 너무 많은 것을 고려하곤 했다. 기획을 어떻게든 유의미한 것으로 만들고자 했다. 아니면 내가 도드라지기를 바라거나. 이번에도 그렇게 할 수 있겠지만……. 그냥 이번엔 그렇게 하지 않겠다. 내가 쓴 시에 만족하기만 하면 된다.

다른 지면이나 공개적인 자리에서도 몇 번 밝힌 적이 있는데. 나는 오전 11시에 가장 컨디션이 좋다. 오전 11시의 날씨가 좋다. 나는 비를 싫어하지만, 오전 11시에는 폭우도 나쁘지 않다. 길에 사람도 없고. 밥을 안 먹었을 때가 더 능률적이다. 배가 부르면 졸리기 때문이다. 나는 보통 9시에 일

어나기 때문에 11시면 아직 졸립지 않다. 1시 반에서 2시까지가 딱 좋다. 카페에 가면 더 좋다. 이렇게 육체 컨디션은 딱히 걱정할 필요가 없다. 무대도 좋고. 그럼 무엇을 준비할 수 있을까? 내일 점심을 어떻게 준비할 수 있을까? 9시에 일어나기 위해 일찍 자는 거 말고. 잘 모르겠네.
무엇이든 잘 모르겠으면 대상의 좋지 않은 점을 생각하면 좋다. 점심의 한심한 점은 너무 짧다는 거다. 솔직히 요즘엔 무엇이든 오래 쓰거나 몰두하지 않기 때문에, 카페에 네 시간 이상 앉아 있고 그러진 않는다. 한 시간 반이면 이미 충분히 오래 있었다는 생각이 든다. 카페 주인도 내 판단을 좋아하는 것 같다. 그래도 여전히 점심은 너무 짧다. 얼마나 오래 시를 쓸 수 있느냐보다 중요한 것은, 앞으로 잉여 시간이 얼마나 많이 남았느냐는 거다. 점심이 일곱 시간 정도 된다면 충분할 것이다. 점심이 빨리 끝나지 않을 것이라는 사실이 내게 여유를 줄 것이고, 그건 컨디션에 큰 도움이 된다. 나는 마감을 원동력 삼아 시를 쓰지 않는다. 마감의 압박 때문에 시를 시작하기는 하지만, 압박 때문에 시가 잘 써지지 않으니까, 시를 쓰면서 가장 많이 하는 일은 불필요한 압박을 잊기 위한 마인드 컨트롤이다. 나는 최근에 웬만해선 마감 기한을 넘기지 않았다. 늦지 않았을 때에도, 한참 남았을 때에도, 나는 내가 이미 마감 기한을 넘어섰고, 펑크가 났으며,

내 신뢰도가 바닥을 쳤다고 생각하곤 했다. 그러면 마감의 압박에서 벗어날 수 있었다. 어쨌든 점심은 너무 짧다. 나는 점심을 최대한 길게 만들기 위해 노력할 것인데, 이게 좀 획기적인 방법이었으면 좋겠다. 획기적인 방법은 그냥 나오는 게 아니니까. 내일 점심에 생각을 해야겠다.

2020.08.17.　　　　　　　　　　　　　　　　　　무서운 꿈

꿈에서 어딜 가든 조금의 틈이 있었고 고양이는 내 품에 안겨 있었다. 그리고 틈으로 고양이가 계속해서 뛰어 들어갔고 나는 비명을 질렀으며 그러고 나면 고양이는 다시 내 품에 있고 우리는 계속 어디론가 이동을 했다. 그리고 어딜 가든 조금의 틈이 있었다. 꿈 얘기를 하는 것은 취향이 아니다. 편승하는 기분을 좋아하지 않기 때문이다. 꿈에서 80명의 수강생과 수업을 진행하고 있었는데 세 시간 동안 합평을 했는데도 2명분의 시만 합평할 수 있었다. 집에 가서 인터넷으로 수업을 계속 진행하겠습니다. 밤을 새서 여러분이 쓴 시를 모두 합평하겠습니다. 그러곤 쭈꾸미볶음을 먹었다. 그리고 또 여러 꿈을 꾸었다. 악몽이라고 부를 수 있을 것 같은 꿈이었다. 오늘은 아내의 생일이고, 7시 반에 말과 활 아카데미에서 시 수업이 있고, 최근에 나는 9시 전에 꼭 일어났는데 오늘은 수업 시간에 최상의 컨디션을 유지하기 위해 2시에 일어났다. 존재냐 멋이냐에 대한 얘기를 생각했고, 점심에 대한 단상을 이어나가려고 했는데 점심 이후에 일어났기 때문에 점심 단상은 이어나가지 못했다. 존재냐 멋이냐 슬픔이냐에 대한 얘기를 생각했고, 그럴듯한 얘기였으나 만족스러운 얘기는 아니었고, 그래서 그냥 꿈 얘기를 하

는 것으로 오늘의 일기를 시작했다. 커피를 두 잔 마셨다. 주다사라는 트위치 BJ에 관심이 생겼고 계속 찾아보았고 재미가 있었다. 고양이 사료가 집에 도착했고, 주문한 책이 도착했고, 잘못 배송된 소포가 하나 있는데 벽에 설치하는 작은 책장 같은데 김현철인가 김현식에게 온 것이고 나는 김승일이고 고양이는 한지이고 아내는 김하늬다. 아내는 생일이고 두통이 심해 타이레놀을 먹어야 했으나 집에는 어린이용 타이레놀만 있었고 내가 사러 나가서 케이크와 커피와 초콜릿과 어른용 타이레놀을 샀다. 그리고 나는 수업 전에 일기를 쓰고 싶었으므로 6시에 집을 나섰다. 사르트르를 읽고 있었는데 너무 재미가 없었고, 아도르노를 읽고 싶었는데 솔제니쩐 책도 읽고 있었기 때문에 무엇을 제일 먼저 읽어야 하는가 고민이 되기 시작했다. 그리고 기계비평도 읽어야 한다. 나는 사실 기계의 휴머니즘에는 크게 관심이 들지 않았는데, 그래서 문화연구학과에 가서도 논문을 결국 쓰지 못했는지도 모른다. 어쩌면 쓰게 될지도 모른다. 피곤하다. 곧 수업이다.

2020.08.18.   점심 준비 2

2019년 GQ 11월 호에 소행성에서 노을을 쫓는 관광 택시 기사에 대한 글을 썼다. 어린 왕자에서 따온 아이디어였다. completecollection.org에서 2019년 11월 11일로 가면 볼 수 있다. 방금 올렸다. 어린 왕자는 점심을 길게 만들 수 있다. 점심에 천천히 걷기만 해도 무한정 점심에 존재할 수 있다. 이 아이디어로는 시를 쓰고 싶지 않다. 어린 왕자로 쓴 시가 이미 하나 있어서 그런 것 같다. 내가 아주 좋아하는 시다. 「귀신의 용도」라는 시다. 엄청난 거절이 나온다. 그래서 좋아하는 것 같다. 나는 종종 좌절 덕후인 것 같다. 어쨌든 어린 왕자로 점심 길어지게 하는 아이디어는 버리기로 하고. 이렇게 뭘 버리기로 하면 뭘 생각하는 일에 도움이 된다. 계속 버리면 마지막에 남는 것이 있다. 엄밀히 말해서 정말 그렇지는 않지만 그런 느낌에 사로잡히게 된다.

점심 식사를 하지 않으면 점심이 길어진다. 점심에 잠을 자지 않으면 점심이 길어진다. 점심에 글을 쓰지 않으면 점심이 길어진다. 점심에 아무것도 하지 않으면 점심이 짧아진다. 점심에 무언가를 하면 점심이 짧아진다. 점심에 고속버스를 타면 점심이 길어진다. 점심에 어딘가로 이동하면 점심이 길어진다. 점심이 지루하면 지루할수록 점심이 길어진다. 그러나 지루한 점심이 끝나고 나서 다시 생각해보면 점심은 별로 지루하지 않았고, 여느 때와 같이 점심이 매우 짧았던 것처럼 느껴진다. 점심에 대한 느낌을 나열하는 것은 내가 쓸 시에 도움이 되지 않는다. 느낌에 대한 글을 쓰다 보면 쓰고 싶은 느낌을 포착할 수 없게 된다. 내가 쓰고 싶은 느낌은 엄청난 거절을 받았을 때의 느낌처럼, 내가 의도하거나 통제하지 않았는데도 찾아오는 느낌이다. 그것이 좌절이다. 꼭 좌절에 대한 글을 써야 할까? 그렇지 않다. 지금 쓰고 있는 글이 마음에 들지 않는 것은 아니지만, 점심을 길게 만들자는 기획이 더는 즐겁지 않다. 이 생각에서 나와야 한다. 나간다.

내일 시를 쓰게 될 것 같다. 내일 점심을 준비하자. 점심 3에서 하자.

2020.08.19.   점심

점심이 아니잖아? 점심이어야 되는데. 점심이 될 때까지 자야지. 그렇게 어떤 사람이 계속 잠을 잤다고 한다. 내 얘기는 아니고 어떤 사람에 대한 얘기다. 이 사람은 나가 떠올린 사람인데 내 시에 등장하는 사람도 아니다. 이 일기에 등장하는 사람이다. 계속 점심이 아니었던 것이다. 그건 좋은 일이었다. 나쁜 일이기도 했다. 그러나 모든 것을 좋고 나쁜 것으로 나누는 습관은 이제 끝난 습관이었으므로. 점심으로의 잠은 어떤 판단에서 벗어난 채로 계속되었다.

2020.08.21.   죄책감

나는 항상 미안하다고 한다. 타자의 괴로움이 내 괴로움보다 더 엄청난 것이기 때문이다. 내 괴로움은 너의 분노와 눈물과 죽음 충동에 비하면 아무것도 아니다. 내 작품 속의 화자는 자신의 괴로움 때문에 종종 타자의 괴로움을 잊게 되지만, 결국에는 다시 마주하게 된다. 그러면 그는 좌절한다. 나는 좌절하지 않기 위해, 고양이와 행복하게 살기 위해, 좋은 생각을 많이 하려고 한다. 그러나 괴로움은 찾아오고, 나는 좌절하고, 갑자기 타자가 나타나고 내 괴로움은 좌절을 맞는다. 내 좌절은 좌절을 맞는다. 이것이 나의 슬픔이고 이 슬픔은 타자의 슬픔에 비하면 아무것도 아니다. 이 아무것도 아닌 것이 누군가에겐 타자의 슬픔이다.

어제는 EBS의 국제다큐영화제에서 베르너 헤어조크와 고르바초프의 대화를 보았다. 고르바초프는 시종일관 나의 의도는 좋은 것이었고 앞으로도 좋은 의도들이 존재했으면 좋겠다고 말했다. 그는 말을 하는 것이 힘들어 보였고, 자주 멈췄다. 그러면서 정면을 바라보았다. 후반 30분에 졸았다. 거기에 나를 놀라게 하거나, 내 좌절을 좌절케 하는 무언가가 있었을지도 모른다.

누군가가 누군가에게 자신의 논리나 감정을 토로하고 있다.

논리는 언제나 감정으로 가고, 꽤 많은 똑똑한 사람들의 논리는 종종 아주 끔찍한 감정으로 간다. 어쨌든 누군가의 감정은 나의 감정보다 더 엄청난 것이기 때문에 나의 감정은 무화된다. 그리고 시간이 조금 흘러서 나는 사람들의 논리와 감정이 너무 과잉된 것이 아닌지, 또 하나의 폭력이 되었거나 질병이 되지 않았는지 고려한다. 어떤 사람은 다른 사람의 고통을 고려하지 않는다. 볼 겨를이 없는 것일지도 모르고 자신의 목적이나 감정을 관철하기 위해 일부러 보지 않는 것일지도 모른다. 그러나 그럼에도 그들의 괴로움은 나의 괴로움보다는 더 엄청난 것이다. 내가 이렇게 확신할 수 있는 것은, 내 육체와 감정이 정말로 두려워하기 때문이다. 나는 사람들이 무섭다. 그들이야말로 사람이며 그들의 번뇌에는 어떤 가치가 있다. 그렇게 믿는 자가 점심으로의 잠이라는 내가 앞으로 쓸 시에 등장한다. 그는 진정으로 타자의 괴로움을 괴로워하는 사람인가? 아니면 그저 자기 자신에 대한 자신감이 부족한 사람인가? 나는 후자라고 본다. 그래야 그의 좌절이 더 아무 가치 없는 것이 될 것이다. 누군가는 이 그림을 보고 눈물을 흘릴 것인가. 담보할 수 없다.

점심으로의 잠

 점심에 만나기로 한 사람이 있었는데, 잠을 자다가 약속을 지키지 못했어요 제 목숨을 구해준 사람이었죠 점심에 만나서 고맙다고 할 예정이었습니다 다시는 그 사람과 만나지 못했습니다 이것이 저의 괴로움입니다 점심으로의 잠은 그렇게 시작되었습니다 점심으로의 잠으로 사람들이 찾아옵니다 지금 찾아온 방문자는 중학교 교사인데 화재로 사랑하는 사람들을 잃고 본인만 살아남았습니다 지금 학교에 있는데 점심시간이고 한 아이가 울고 있다고 합니다 물어보아도 왜 우는지 말을 안 하는데 자신의 슬픔이 그 아이의 슬픔에 비하면 아무것도 아니라는 생각이 든다고 합니다 그 아이의 슬픔이 정말로 저의 슬픔보다 더한 슬픔인가요? 누구신지는 모르겠지만 진실을 말해주세요 그 사람의 슬픔이 정말로 저의 슬픔보다 더 큰 슬픔인가요? 그 사람의 고통이 저의 고통보다 더 큰 고통인가요? 진실만 말해주세요 여긴 그냥 점심으로의 잠일 뿐인데 나는 그냥 여기에 있을 뿐인데 괴로운 사람들이 찾아오고 진실만 말해달라고 합니다 자신의 슬픔이 아무것도 아니어도 괜찮다고 합니다 점심에 만나기로 한 사람이 있었는데, 잠을 자다가 약속을 지키지 못했어요 제 목숨을 구해준 사람이었죠 점심에 만나서 고맙다고 할 예정이었습니다 다시는 그 사람과 만나지 못했습니다 이것이 저의 괴로움입니다 당신의 괴로움에 비하면 제 괴로움은 아무것도 아닙니다 저는 여기까지만 말합니다 점심에 울고 있는 그 아이의 괴로움에 비하면 제 괴로움은 아무것도 아닙니다 여기까지는 말하지 않습니다 누구신지는 모르겠지만 제가 원하는 답은 아니군요 여기가 어딘지 모르겠지만 대단한 곳은 아닌 것 같군요 맞습니다 안녕히 가세요 미안합니다 방문객이 점심으로의 잠을 떠나고 나면 저는 점심시간의 학생처럼 울곤 합니다 미안해요 저는 제대로 답해주지 못해요 아무리 울어도 속죄가 되지 않습니다

2020.08.23.   기본적인 컨디션 만들기

착각의 사전적 정의는 "어떤 사물이나 사실을 실제와 다르게 지각하거나 생각함"이다. 착각이 멈췄다는 새로운 착각 속에서, 우리는 존재의 민낯을 '잉여'로 파악한다. 무신론 또한 이곳에서 출발한다. 이곳은 착각이 멈췄다는 새로운 착각이다. 내가 상상했고, 상상하기를 아직도 좋아하는 기계 존재들의 민낯도 이곳에서는 '잉여'로 파악될 것이다. 여기서 우리는 인식론의 새로운 장을 열게 되는데, 다음과 같은 몇 가지 질문들이 생긴다.

기계는 착각하는가? 기계의 착각을 인간의 착각과 같은 것으로 볼 수 있는가? 기계는 자신의 존재 가치를 잉여에 둔 채로 자신을 작동시킬 수 있는가? 그렇다면 그것을 착각이라고 부를 수 있는가? 작동은 실로 착각인가? 등등. 나열하자면 끝이 없을 정도로 많은 질문들이 생긴다. 신에 대해, 세계에 대해, 무생물에 대해 관심이 많은 자들은 기계의 위치에 다른 여러 가지 타자들을 끼워서 사유할 것이다. 어떤 이들은 이런 식의 질문들을 통과해 인간에게 도움이 되는 사유를 도출하기 위해 노력할 것이다. 그리고 어떤 이는 '어떤 이들'이 되지 않기 위해 계속해서 새로운 질문을 만드는 것이고. 그런 이들을 예술가라고 부를 수도 있지만. 그런 이들

을 예술가라고 부르는 일을 번뇌, 그러니까 속벌처럼 느끼는 예술가들도 있을 것이다. 어떤 이들은 그리하여 다시 자연을 노래할 것이다. 그런 일들은 찬미가 아니라 경악일 수도 있고, 자기 자신을 잉여로 만드는 구토와 같은 체험일 수도 있다. 찬미일 수도 있다. 그러나 모두들 상기하고 있겠지만, 누구도 그런 것을 느낌상 예술의 본질(느낌상)이라고 느끼지는 않을 것이다. 만약 누군가가 아둔하게도 자연을 노래하며 예술의 본질을 운운한다면, 우리는 의식적으로 무의식적으로 그의 말을 부정하게 된다.

내가 시를 쓰기 전에 항상 기계와 인간과 존재와 탈주에 대한 얘기를 하는 이유는 아마도 나 자신이 길을 잃었으면 좋겠기 때문이다. 길을 잃기 위해서 허둥대는 나 자신을 관찰하고, 그렇게는 안 된다. 그렇게는 길을 잃을 수 없다. 그렇게는 흥미로운 착각에 빠질 수 없다. 그런 얘기를 스스로에게 하기 위해 자꾸만 똑같은 얘기를, 전보다 약간 더 주석이 달린, 하지만 느낌상 본질적으로(느낌상)는 똑같은 얘기를 계속하는 것이다. 그것이 개똥철학이 됐든 말장난이 됐든, 나는 내 모든 사유를 내 시의 한계로 여긴다. 이런 생각들이 정말로 시를 쓰는 데 도움이 되는지 안 되는지는 모르겠다. 어쨌든 바로 이쯤에서 나는 오늘의 화자와 무대를 고민하기 시작하는 것이다.

2020.08.24. 변명

내 시의 화자는 자기 자신을 잉여로 인식하기 위해 노력한다. 때문에 중성적인 뉘앙스를 띠게 되는 것이다. 폭력에서 도망가고자, 폭력을 저지르지 않고자, 무생물이 되려고 하는 것이다. 그러나 화자는 언제나 실패한다.

2020.08.25. 　　　　　　　　　　　　　　　　순진한 하농

길게 썼다가 그냥 다 지웠다. 억지로 쓰는 것 같으면 쓰기 싫어진다. 그렇구나. 억지로 무슨 얘기를 하는 게 너무 싫었기 때문에 오랫동안 글을 쓰지 않았던 것 같다. 시도 쓰지 않았고. 그냥 써보다가 억지로 쓰는 것 같으면 지워버리면 되는데. 그러면 기분이 상쾌해져서 쓸 마음이 드는데. 쓰기도 전에 내가 해야 할 말들이 있다고 정해버렸기 때문에 그토록 오랫동안 글을 쓰지 못했던 것이다. 시도 쓰지 못했고. 『여기까지 인용하세요』라는 시집은 황인찬에게 주려고 쓴 시들로 가득하다. 그러다 어쩐지 황인찬을 재밌게 할 수 없을 것만 같았을 때, 그 누구의 마음에도 신기한 것을 선사할 수 없을 것만 같았을 때, 나는 집에서 잠만 잤다. 이거 정말 큰일인데. 어쩌면 만족스러운 시를 쓰고 말고가 문제가 아니라, 내가 사람들을 죄다 미워하고 있거나, 사람들을 너무 두려워하고 있는 게 문제인 거 아닌가? 매일 일어나서 똑같은 질문만 했다. 나는 사람들이 싫은가? 사람들이 왜 이렇게 무섭지? 스스로를 안심시키고 나면 글을 쓸 수 있겠지. 그래서 안심이 될 때까지 잠만 잤다. 안심이 전혀 되지 않았다. 일어나면 또 똑같이 질문했다. 사람들도 사람들이 싫은가? 사람들도 사람들이 무서운가? 어쩌면 나만 그런 게 아니라

는 확신이 필요했던 것인지도 모른다. 사람들이 어떤 생각을 하고, 어떤 말을 하는지 관찰하고, 그걸 또 분류하고, 세상에는 이런 사람이 있고, 이런 사람도 있지. 요즘엔 어떤 사람이 더 많고, 어떤 사람이 더 많아질까? 그렇게 관조하면서. 다른 사람 품평하는 게, 마치 무슨 내가 할 수 있는 유일하고, 영양가 있는 사유라도 되는 것처럼.

그래도 오랫동안 글을 쓰지 못했던 고난의 몇 세월 동안에도 나는 종종 멀쩡한 생각을 하기도 했다. 싫어? 무서워? 어때? 어떻게 되겠어? 이딴 멍청한 질문들로 내가 나를 괴롭힐 때에, 나는 정답을 찾아 답하는 대신 시를 써서 빈칸에 두면 자연스럽게 그 질문들이 잦아들 것임을 알고 있었다. 그런데도 나는 게을렀고. 뒤늦게 이렇게 매일 하놓을 치고 있다. 이건 모두 하놓이야.

2020.08.26.　　　　　　　　　　　　　　　　악몽과 화자1

잡지에서 젠더에 대한 통찰이 들어간 시를 써달라고 했다. 내 시에 무성별, 무국적, 무인간 화자가 많이 등장하는 게 흥미로워서 청탁을 했다고 한다. 여러 이유가 있겠지만, 내 초기작들에 등장하는 화자가 무성별로 느껴지거나 실제로 무성별인 것은 아마도 내가 시를 본격적으로 많이 쓰기 시작했을 때 김행숙 시인에게서 영향을 많이 받았기 때문인 것 같다. 사실은 며칠 동안 내가 김행숙 시인에게서 어떤 영향을 받았는지에 대한 글을 써보고, 거기서 얻은 영감을 통해 시를 시작하려고 했다. 그런데 막상 써보려고 하면 시간이 너무 많이 걸릴 것 같고, 오랜만에 마감이 쌓여 너무 힘들다 보니 계속 미루기만 했다. 오늘도 자세하게 쓸 시간은 없을 것 같다.

자기가 누구인지 모르는 존재가 자기를 구상하는 방식으로 말을 한다. 나는 이런 화자를 많이도 만들었다. 아마 그런 화자를 만들면서부터 본격적으로 김행숙 시인이 화자를 구성하는 방식하고 차별점을 두려고 했던 것 같다. 스스로 무엇도 통제하지 못하는 화자를 만들었을 때의 이점은 자폐적인 사고에서 벗어나기 좋다는 것이다. 김행숙 시인의 초기작에 등장하는 화자들은 악몽 속에 갇힌 것처럼 보이기도 한다. 흥미로운 점은 아주 고통스럽고, 헤어날 수 없는 상황에서도 김행숙의 화자가 지난함(지루함을 포함하는)을 느끼지 않는다는 건데. 김행숙의 화자는 지난함을 자신의 한계로 결부하기보다는, 그조차도 시의 미적 요소로 능숙하게 배치하거나 다루고 있기 때문이다. 나는 스스로 능숙하게 통제를 할 줄 아는 화자를 만들지 못하는 사람이고, 그로 인해 스스로의 사유에 갇혀 고통을 받는 사람, 매력 없는 멍청이다. 그리하여 신생아처럼 지금 막 태어난 것 같은 화자를 만들기 시작했던 것이다. 악몽을 지난하고, 끝없는 것으로 사유하는 자가 아니라, 지금 막 겪기 시작한 것으로써 겪을 수 있는 화자. 그런 화자를 선택했던 것이다. 솔직히 말해서 이런 서술이 얼마나 가치 있는 것인지는 모르겠다. 화자를 만드는 일은 더 복잡하다. 너무 복잡해서 어쩌다 그런 화자를 만들었는지 설명하다가 보면 앞에 했던 말을 번복하게 된다. 계속 번복하게 된다.

어쨌든 이번에는 좀 다른 방식으로 하고 싶다. 아 좋은 아이디어가 떠올랐다. 나는 지금 막 태어났다. 그리고 몇 분 후에 네가 지금 막 태어났다.

이게 다 사람이 사람을 죽이거나 죽음으로 몰아갈 수 있기 때문에 생기는 일들인데, 내가 느끼기로는 한국의 유명한 시인들의 시에는 살인하는 장면이 등장하지 않는다. 특히 연쇄 살인마나 혐오 범죄를 일삼는 사람은 상징이나 비유로도 한국시에 잘 등장하지 않는다. 유명한 영화는 해외 것 국내 것 할 것 없이 언제나 살인이 나오는데. 게임도 마찬가지고. 말하는 사람을 제외하고는 아무도 등장하지 않는 시도 수두룩하다. 아무도 나오지 않으면 아무도 죽일 필요가 없으니까. 자기 자신을 죽이거나 죽이고 싶어 하는 사람들은 시에 등장한다. 사람을 죽이는 사람을 죽이지 않으면 아무 것도 해결되지 않는다. 그러나 사람을 죽이는 사람을 죽이면 사람을 죽이는 사람이 생기기 때문에, 어쩌면 무언가를 해결하는 것이 꼭 능사는 아닌 것이다.

자살하려는 마음

 유치원에서 나는 늘 구석에 앉아 책을 읽고 있었다. 그러고 있으면 남자애들이 내 팔을 끌고 놀자고 했다. 그 모습을 본 여자애들이 내 다른 팔을 잡고 끌었다. 우리랑 놀 거야. 팔이 아플 정도로 양쪽에서 나를 끌어당겼다. 우리 거야. 우리 거야. 곧 유치원의 모든 아이들이 몰려들어서 줄다리기를 시작하였다. 나는 아무 말도 하지 않고 웃고만 있었다. 평생 이렇게 서로가 날 가지겠다며 끌어당기기만 했으면 좋겠다. 이 중간에서 이렇게 팔이 아팠으면 좋겠다. 나는 탐험가이자 시인이 되었으며, 내가 사교 모임에 나타나면 모두가 내 주위로 모였다. 내가 오지에서 무엇을 보았는지 설명하면, 많은 이들이 귀를 기울였다. 혹은 내가 겪은 일들에 어떤 의미를 부여하고자, 나와 대화하기를 간곡히도 원하였다. 나는 언제나 일찍 집으로 돌아갔다. 내 여행기와 시집에 등장하는 화자들의 공통적인 특징은, 무국적, 무성별, 무인간이라는 데 있었다. 나는 셰익스피어의 「한여름 밤의 꿈」이라는 작품을 좋아하였는데, 거기서 특히 한여름 밤이라는 무대를 좋아하였다. 한여름 밤은 아무도 미워하지 않는다. 여름은 본래 아무도 미워하지 않는다. 누군가를 괴롭히기 위해 뜨겁고, 축축한 것이 아니며. 누군가를 기분 좋게 하기 위해 가끔 바람이 불고, 종종 달콤한 것이 아니다. 안개도, 구름도 누군가를 미워하지 않는다. 자기 자신조차도. 어떻게 그럴 수 있지? 한여름 밤의 꿈 속에서, 사람들은 눈을 떴을 때 처음 본 사람에게 깊은 사랑에 빠진다. 그러나 한여름 밤은 눈을 뜨지도 감지도 않는다. 한여름 밤은 사랑을 하지 않는다. 어떻게 그럴 수 있지? 나는 오랫동안 공간이 내 시의 화자가 되기를 바라였으나, 항상 실패하고 말았다. 어떤 부족의 남자들은 남자도 아니고 여자도 아닌 모습으로 자신을 꾸미고, 구애의 춤을 추었다. 그들은 한여름 밤이 되고자 하는 것 같았다. 어떤 학술회에서 만난 저명한 시인은 사물에는 원래 의미가 없으며, 모든 존재는 잉여라는 사실을 받아들이지 않으면 그럴듯한 시를 쓸 수 없다고 말했다. 그는 한여름 밤이 되고자 하는 것 같았다. 그날도 나는 일찍 집으로 돌아갔다. 돌아가는 전차 안에서 나는 미소 짓는 것을 멈출 수 없었다. 나는 사랑받는 것이 정말 좋다.

2020.09.01.   민증

요즘 아침에 일어나지 못했다. 아예 일어나지를 않았다. 마음이 너무 이상하다. 마감은 다 끝냈는데. 계속 뭐가 남은 것 같은데 그게 뭔지를 모르겠다. 4개월 전에 지갑을 잃어버렸는데, 아직도 민증이랑 카드를 발급받지 않았다. 빨리 받아야 하는데. 민증은 신청하면 2주나 걸린다는데. 사진도 다시 찍어야 하는데. 집에 증명사진 없는데. 사진을 너무 찍기가 싫다. 살을 뺀 다음 찍고 싶다. 마감을 하느라고 짜증 나면 밥을 먹었다. 계속 먹었더니 살이 엄청 쪘다. 그런데 살이 그렇게 쉽게 빠지는 게 아니니까 그냥 내일 사진관 가야 될 것 같은데. 솔직히 지금 공황 상태인 게 다 민증 때문인 것 같다. 나는 관공서 가야 되거나 우체국 가야 되거나 계약서 써야 될 때가 제일 싫다. 그냥 하면 되는데 너무 싫다. 일어나서 아무 글이나 쓰고, 책이나 읽고, 시나 쓰고, 여건이 되면 유튜브도 하고. 게임 좀 하다가 자고. 다시 일어나서 아무 글이나 쓰고, 책이나 읽고, 시 쓰고, 여건이 되면 유튜브 좀 하고. 그러면 좋겠는데 민증을 만들어야 된다고 생각하니까 잠을 자면 일어날 수가 없고(민증 만들고 계약서도 써야 하니까), 새벽에 잠깐 일어나도 글을 못 쓰겠고(점심에 써야 재밌으니까) 아무것도 못 하겠어서 다시 잔다. 그러면 일어

날 수가 없고. 다시 새벽이고. 살은 찌고.

건강 보험료도 밀렸는데, 사실 이게 군대 간 동안에도 계속 청구가 되고 있었기 때문에 전화해서 군대 갔을 때 청구된 거 다 무효로 처리해야 되는데 전화하는 게 너무 싫고, 민증도 없고 은행 보안 카드도 없어서 이체도 안 되고. 아주 미친다. 글을 매일 써야 머리가 돌기 때문에 글을 매일 써야 된다. 일찍 자고 일찍 일어나야 한다. 밥은 하루에 한 끼만 먹어야 하고. 어차피 살은 안 빠지니까 내일 사진 찍어라 그냥.

내일 10시에 병원 간다. 그러고 바로 구청 앞에 사진관 간다. 사진 받고 민증 신청하고, 확인서 받는다. 마트에 가서 먹을 거 사고, 은행에 간다. 그래서 카드 신청한다. 자동차 고치고 우체국 가서 계약서 보낸다. 아 미치겠다. 이걸 다 어떻게 하지? 내가 할 수 없는 것만 잔뜩이네. 그냥 죽는 게 낫겠다.

2020.09.01. 　　　　　　　　　　　어지러움

지금 나는 내가 조증인지 울증인지 그 중간인지도 파악할 수 없는 상태다. 이게 다 민증 때문인지는 모르겠지만. 어쨌든 너무 어지럽다. 새로운 시를 시작하는 데 어려움을 겪고, 컨디션이 만들어지지 않는다면, 최근에 쓴 시를 읽어보는 것이 좋다. 「점심으로의 잠」과 「자살하려는 마음」을 읽었다. 모든 문제는 동일시에서 일어난다. 「자살하려는 마음」에서, 화자는 폭력을 두려워하며 종종 동일시에서 벗어나려고 한다. 화자는 자신이 모든 것의 표피만을 말해야 한다고 믿는다. 시가 묘사할 수 있는 것은 표피뿐이다. 시는 표피다. 표피로써의 예술은 세계를 직접 바꿀 수 없다. 세계를 바꿔야 하는데. 그렇게 생각하는 어떤 사람이 있다. 그 사람은 우울하다. 누군가는 시의 무용한 아름다움이나, 무용함이 가진 파괴력, 외부를 상상하게 하는 힘을 찬미하곤 한다. 어떤 시인은 쓸모없는 것을 더는 쓰지 않기로 결심한다. 그는 시를 쓰지 않기로 한다. 어떤 시인은 찬미했다가, 회의했다가, 찬미하고, 다시 회의한다. 나는 둘 다 하지 않기로 한다. 머리가 아프다. 내일 다시.

2020.09.02. 죽으면 안 돼

군대 훈련소 가기 전에 죽고 싶다고 있는 땡깡 없는 땡깡 다 부렸다. 뭐 그것도 순전히 땡깡은 아니었겠지만. 죽고 싶은 김승일 책도 내고. 근데 훈련소 가서 엄청난 경험을 했는데, 죽고 싶다는 생각 대신에 죽으면 안 된다는 생각을 계속하게 됐던 것이다. 그게 정말 위험한 생각이었다. 벽이 막 밀려오고, 나는 무조건 곧 죽을 것이고. 자살을 진짜로 할 것이라서…… 아이고 큰일이다 진짜 나 죽나 보다. 죽으면 안 되는데. 너무 무섭다. 죽으면 안 되는데. 죽으면 안 되는데. 그 생각이 끊이질 않았다. 군대에서 나와서 병원도 다니고 인생의 작은 반전 맞이하고 나서, 죽고 싶다는 생각을 하지 않게 된 것은 아니지만. 웬만하면 죽고 싶다는 문장을 쓰지 않게 되었던 것 같다. 죽으면 안 된다. 이 문장이 죽고 싶다는 문장보다 위험한 문장이다. 내가 느끼기엔 그렇다.

2020.09.03.   집에 가는 사람

어떤 사람이 있지. 그 사람은 어딘가에서 수업을 들었네. 카페에서 책을 읽었네. 결코 집에서 수업을 듣거나 책을 읽은 것은 아니라네. 왜냐하면 그녀가 지금 집으로 돌아가고 있는 중이기 때문이지. 수업을 곱씹으면서, 읽은 내용을 곱씹으면서. 가끔은 딴생각에 사로잡히고, 오늘 알게 되었거나, 누가 주장했던 얘기를 부정도 해보고 긍정도 해보면서. 아무리 골똘히 생각에 잠겨 있어도, 세상 풍경이 눈에 들어오는 것은 막을 수 없지. 길에는 사람도 있네. 나는 오늘 집으로 돌아가는 그 사람이 마음에 들어. 누군가의 얘기를 듣고 집으로 돌아가는 사람. 오늘은 그 사람의 슬픔에 대해 말해보고자 하네. 그 사람은 누군가의 얘기를 들었기 때문에 슬퍼졌네. 집으로 돌아가고 있기 때문에 슬퍼졌네. 집이 아직 멀게만 느껴지네. 집이 멀어서 슬픈 것은 아니라네. 어떤 이론가가 무언가를 말하였네. 어떤 이가 그 이론가의 얘기를 한참 듣다가 집으로 돌아가고 있었네. 어떤 이론가가 책을 썼고, 어떤 이가 밖에서 그 사람의 책을 읽다가 집으로 돌아가고 있었네. 어떤 이론가가 죽었네. 어떤 이론가는 외국 사람이라 너무 멀리 있었네. 어떤 이론가의 책은 너무 어려웠네. 그래서 학원인지 학교인지 아카데미인지에서 어떤 강사

가 사람들에게 그 이론가가 했던 말을 전했다네. 자신의 생각도 담아서 전하고, 자신의 생각은 빼고 전하기도 했지만, 언제나 생각을 완전히 빼는 것은 불가능하다네. 그 사람의 수업을 듣고 누군가가 집으로 돌아가고 있었네. 나는 그 사람을 생각하면 슬프다네. 그 사람이 또 누군가의 선생님이 되었다네. 이제 선생이 된 그 사람의 수업을 또 누군가가 들었다네. 수업 듣던 사람이 집으로 돌아가고 있네. 역시나 그 모습을 떠올리면 나는 슬퍼지네. 누군가에게 무슨 얘기를 하다가 집으로 돌아가는 사람들. 무슨무슨 선생님이라고 불리는 그 사람의 퇴근길도 떠올려보네. 퇴근길은 언제나 슬프지만 하굣길보다는 슬프지 않네. 무슨무슨 선생님은 잠시 카페에 들러 어려운 책을 뚝딱 읽었다네. 그리고 집으로 돌아가네. 그 모습 떠올리면 역시나 또 슬프지. 뭔가를 배우고 집으로 돌아가는 사람들. 그 사람들이 생각하는 모습이, 그 사람들이 생각을 잠시 멈추는 모습이 나는 슬프네. 누군가에게 들은 얘기를 생각하는 사람이 있네. 그 사람이 주인공인 이야기를 쓰고 싶네. 그 이야기에는 희비극적인 사건들이 등장하지. 그러나 이 이야기에서 슬픔은 온전히 누군가의 얘기를 듣고서, 집에 돌아가고 있기 때문에 존재한다네. 내가 이야기를 하면, 누군가가 듣거나 읽겠지. 간약에 당신이 지금 밖이라면, 당신은 집으로 돌아간다네. 집이 없는 사람도 있지. 돌아갈 곳이 없는 사람. 그 사람에 대한 얘기는 나중에 생각하기로 하지. 일단은 돌아갈 곳이 있는 사람에 대한 얘기를 하겠네.

동경

당신과 같은 테이블에 앉아 서로가 서로의 웃음을 보고 웃을 수 있다면 좋겠군요. 헤어질 때는 포옹을 하면 좋겠군요. 이게 다 당신을 모르기 때문에 내가 꿈꾸는 일이겠지요. 당신을 잘 알게 되면 좋겠군요. 당신이 나보다 먼저 죽었으면 좋겠군요. 당신이 죽은 다음, 당신과 함께 웃고, 헤어질 때마다 포옹을 했던 일을 떠올릴 때마다. 돌이켜 보니 내 인생이 아주 좋았다고 생각할 수만 있다면. 어쩌면 당신이 죽기 불과 며칠 전에, 나는 문병을 가게 되는지도 모르겠네요. 당신이 내가 당신의 병상에서 떠났으면 좋겠다고, 이번엔 포옹도 없이, 그냥 헤어지면 좋겠다고 생각한다면. 나는 당신의 소원을 들어드리겠어요. 집으로 돌아오면서 무척 슬프겠지요. 지금 나는 딱히 누구를 동경하지 않고, 그러니까 지금은 당신이 누군지도 모르겠고, 그러니까 당신은 아직 죽지도 않았는데. 나는 문병을 가지도 않았는데. 어쩌면 내가 먼저 죽을지도 모르는데. 나는 아주 우울하고 슬픕니다. 당신을 상상했어요.

2020.09.05. 소원

그저께 쓴 일기에서, 배운 것을 곱씹는 과정에서 슬픔이 발생할 수 있다는 얘기를 했다. 무언가를 곱씹는 과정에는 여러 가지 컨디션이 존재한다. 지금 화자가 어디에 있는가? 어디로 가고 있는가? 어떤 사건에 처했는가? 등등이다.

쓰는 사람에 대한 비평도 가능할 것이다. 작가가 과거에 했던 작업을 망라해 작가론을 쓰는 것이 아니라. 글을 쓸 때 어떤 식으로 사유와 육체가 작동하는지에 대한 글을 써보는 거다. 이미 많은 사람들이 이런 글을 쓰긴 했지만. 지금까지 했던 것보다 더 구체적으로. 예컨대 쓰는 사람을 기계처럼 대우하면서 써볼 수 있을 것이다. 어디서 어떻게 작동하는가? 물론 인간이 어떻게 작동하는지에 관해서는 서술하기 힘든 부분이 많겠지만. 그건 기계에 대해서 연구할 때에도 마찬가지다.

나는 내가 어떤 사람인지를 결정할 수 없다. 물론, 나는 내가 대충 어떤 사람인지는 안다. 스스로 자기 자신을 결정할 수 있다고 믿었던 사람. 자의식 과잉에 사로잡힌 한국 남자 시인이었으며. 끊임없이 자기 자신에 관해 설명하다 보면, 스스로가 자의식 과잉이란 늪에서도, 한국에서도, 남자에서도, 시인에서도 벗어날 수 있을 것이라고 믿었던 아주 순진하고 명청한 사람이었다. 지금도 이렇게 스스로를 설명하는 일기를 쓰면서 계속해서 자기 자신을 조금 더 근사한 사람으로 만들기 위해 안간힘을 쓰고 있지만. 그래도 이제는 정말로 아는 것 같다. 나는 나를 결정할 수 없다. 나를 결정하는 것은 다른 사람들이다. 자기 자신을 설명하는 일에 중독된 사람이 중독에서 벗어날 수 있는 가장 좋은 방법 중에 하나는, 예술 작품을 쓰는 일이다. 시의 화자와 글쓴이는 아주 많은 교집합을 가지고 있지만. 동시에 시의 화자는 글쓴이가 아니기도 한 것이다. 나는 항상 모든 채널을 통해 이 사실을 강조해왔는데, 그런데도 근 몇 년간 시를 게을리 썼다. 일기도 거의 쓰지 않았다. 나는 방 안에 스스로를 가두고, 계속 자기 자신에게 자기 자신을 설명하려고 했던 것 같다. 내가 자신감을 왜 잃어버렸는지 알겠다. 자신감을 잃어버린 것도 좋은 일이다. 나는 내가 어떤 사람인지를 결정할 수 없다. 앞으로도 계속 착각도 하고, 실수도 하겠지만. 소원하는 것이 바뀌었다. 이제까지 나는 사람들이 나를 알았으면 좋겠다고 생각했지만. 이제는 사람들이 나를 몰랐으면 좋겠다. 나는 아마 앞으로도 계속 수다스럽겠지만. 그래도 예전과는 다를 것이다. 소원하는 것이 바뀌었으니까.

2020.09.06.   여행이 아니다

수업을 듣고 집으로 돌아가면서 들었던 얘기를 곱씹는 사람. 이 사람은 생각을 곱씹으며 집으로 돌아가고 있기 때문에 슬프다. 이 사람이 계속 슬프기 위해서는 계속 들었던 얘기를 곱씹어야 할 것이고, 계속 집으로 돌아가고 있어야 할 것이다. 이 사람은 지하철을 타고 집을 지나쳐 종점까지 갈 수도 있을 것이다. 생각을 곱씹다가 내려야 할 곳에서 내리지 못했을 수도 있고, 그냥 종점까지 갔다가 다시 돌아가고 싶어서 종점까지 간 것일 수 있다. 이 사람은 생각을 곱씹으며 KTX를 타고 서울에서 대구까지 갈 수도 있을 것이다. 대구가 집일 수도 있을 것이고, 대구로 갔다가 다시 서울에 있는 자신의 집으로 돌아가면 집으로 돌아가는 시간을 늘릴 수 있고, 계속 생각을 곱씹을 수 있으며, 그러면 계속 슬플 수 있기 때문에 대구로 가는 것일 수도 있다. 어쩌면 비행기를 타고 다른 나라로 갈 수도 있을 것이다. 그러나 목적지는 집이어야 한다. 비행기의 목적지가 다른 나라일 뿐이다. 내 목적지는 집이다. 그러나 그렇게 생각하기가 쉽지 않을 것이다. 비행이 지루할 것이고, 빨리 공항에 내려서 담배라도 피우고 싶을 것이다. 다리를 뻗거나. 이러다 보면 더는 목적지가 집이 아닐 수도 있을 것이다. 그러면 안 된다. 집으

로 돌아가는 길이 조금 길어지는 것은 괜찮지만 너무 길어지면 안 된다. 여기서 조금과 너무를 어떻게 구분할 수 있을까? 어려운 일이다. 여행이 아니어야 한다. 하굣길이어야 한다. 만약 대구까지 갔다가 서울에 있는 집으로 돌아간다면. 그게 어떻게 여행이 아닐 수 있을까? 어떻게 그럴 수 있을까? 어떻게 여행이 아닐 수 있을까? 이 글에서 건질 수 있는 문장은 이 문장뿐인 것 같다. 아닐 수도 있다. 나는 시를 쓰는 일을 미루고 있나? 화자는 귀환을 미루고 있나? 어쨌든 빠른 시일 내에 내가 쓰는 글이 시라고 생각하면서 무언가를 쓸 수 있도록. 미루지 않도록. 생각을 계속하도록.

2020.09.06. 일축

비난하고 조롱하는 일을 지양해야 한다. 그건 이미 나보다 똑똑하고 말 잘하는 사람들이 하고 있는 일이다. 그리고 어차피 아무리 참으려고 해도 근질근질, 결국엔 또 누군가를 놀리고 조롱하게 된다. 그러니 참아야 한다. 내가 정말로 하고 싶은 말은 그게 아니다. 항상 이렇게 생각해야 한다. 그렇지 않으면 하루종일 누군가를 놀리고 조롱하기만 할 것이다. 욕을 하고 있으면, 내가 뭐라도 된 것처럼 느껴진다. 그게 메타 비평의 가장 위험한 구석이다. 실천을 겸비한다고 하더라도, 비난하고 조롱하는 일에 심취해 있다면 자의식 과잉, 영웅주의에 빠져버리고 만다. 이렇게 생각하는 사람이 오늘 내 시의 화자다. 이렇게 일축할 수 있다는 것이 화자가 있는 예술의 좋은 점이다.

2020.09.07.　　　　　　　　　　헤어조크에게 집착

내가 쓰는 시에서 나는 다큐멘터리 감독이 아니라 매력적인 다큐멘터리 감독을 좋아하는 어떤 사람이다. 내가 좋아하는 다큐멘터리 감독은 헤어조크와 『파이어 펀치』 등장인물 토가타다. 나는 『파이어 펀치』를 정말 좋아한다. 어제도 다시 읽었다. 전자책으로 가지고 있다. 앞으로도 내용이 잘 기억이 안 나면 다시 읽을 거다. 빨리 까먹었으면 좋겠다. 『파이어 펀치』는 내가 만들었던 이야기들과 겹치는 구석도 많다. 대학 때 썼던 희곡 「마녀의 딸」을 다시 고쳐보면 어떨까. 고치는 건 너무 귀찮다. 새로 쓰는 편이 나을 수도 있다. 그럼 완전히 다른 이야기가 되겠지. 어쨌든 나는 『파이어 펀치』가 너무 좋다. 사람들이 이 만화의 결말을 두고 시시비비를 가리는 꼴이 마음에 들지 않는다. 중반 이후로 전개가 산으로 간다는 비난도 싫다. 「라스트 오브 어스」 파트 2에 대한 사람들의 비난을 들었을 때도 그랬지만. 힘이 빠진다. 내가 가장 좋아하는 작품들이 사랑받지 않는 세상에서는 내가 만든 것들도 사랑받기 힘들겠지. 나는 토가타가 좋고. 토가타는 아그니를 따라가고, 나는 토가타를 따라간다. 『파이어 펀치』의 작가 후지모토 타츠키처럼.

헤어조크의 영화 속에는 두 병사가 등장하고, 그 둘은 수많

은 풍차가 심어진 들판에서 헤매고, 헤어조크는 그들을 따라가고. 나는 헤어조크를 따라간다. 그리고 오늘 나는 헤어조크를 따라가는 사람을 따라간다. 카메라를 들고서 따라가기도 하고, 두뇌 하나만 가지고 따라가기도 한다. 나는 두뇌를 가지고 따라간다. 코로나 유행이 끝나면. 나는 두 병사로서 수많은 풍차를 따라갈 것이고, 헤어조크로서 두 병사를 따라갈 것이고, 헤어조크의 팬으로서 헤어조크를 따라갈 것이고, 토가타의 팬으로서 토가타를 따라갈 것이고, 후지모토 타츠키와 뭐라도 마실 것이고. 따라가는 사람들과 그 사람들을 따라가는 사람들을 멀리서 보면 수많은 풍차처럼 보일 것이고. 그다음의 일도 계획할 수 있겠지만. 계획에 없던 일이 생기기를 바란다. 내가 더 유명해지기를 바란다. 매일 이렇게 하농을 칠 수 있도록. 시를 쓸 수 있도록. 매력적인 것들을 계속 따라갈 수 있도록.

2020.09.08. 상상과 집

인격이 둘로 분리되어, 서로 대화를 할 수 있다면 좋을 텐데. 그러면 하나가 말하고 하나가 듣다가, 듣는 쪽이 먼저 피곤해지겠지. 말하고 있는 녀석도 눈치를 채는 거야. 더는 듣기가 싫구나. 듣는 쪽은 듣기에서 해방되어 해방의 잠에 빠져들고, 말하는 쪽은 기분이 상했지만, 기분이 왜 상했는지를 생각하기 싫어서 개 같은 잠에 빠져들지. 하지만 우리는 모두 알고 있어. 잠은 집이 아니야.

2020.09.08. 　　　　　　　　　　　　　　원재연의 집

생각을 곱씹고 있으면 집으로 돌아가지 못한다. 생각이 없어질 때까지 벤치에 앉아 있거나, 내가 왜 여기에 있는지 궁금해질 때까지 걸어 다녀야 한다. 원재연은 집 앞에 있다. 어쩐지 들어갈 수가 없어서 집 앞 정자에 앉았다. 더는 생각을 곱씹고 있지도 않다. 그냥 들어갈 수가 없다.

이것은 여행이 아니다

 그리고 그 뒤로 그는 죽을 때까지 단 한 번도 대중 앞에서 연주회를 갖지 않았습니다. 그 이후로 그는 죽을 때까지 농사를 짓지 않았습니다. 빵을 굽지 않았습니다. 은퇴를 선언한 이후로 그는 그 어디에도 투자를 하지 않았습니다. 다시는 방송에 출연하지 않았습니다. 카메라를 들지 않았습니다. 아무도 가르치지 않았습니다. 적을 죽이지 않았습니다. 붓도 펜도 들지 않았습니다. 혁명에 참여하지 않았습니다. 거부했습니다. 죽을 때까지. 강당에서 사람들이 언제 어떻게 은퇴했는지 듣고, 원재연은 버스를 타고 집으로 돌아가는 중이다. 오늘의 강연자는 추측했다. 그들이 어째서 그만두었는지. 원재연은 어떤 추측은 긍정하고, 어떤 추측은 부정하면서, 지하철을 타고 집으로 돌아가는 중이다. 해외로의 여행이 금지되었다. 그래서 원재연은 자기가 동경하는 사람을 만나러 갈 수 없다. 원재연은 집으로 가면서 자기가 동경하는 사람이 어째서 하던 일을 그만두었는지 추측한다. 집으로 돌아가면 원재연은 하던 생각을 그만둘 것이다. 그래서 내가 늦은 밤 집 앞 골목에 서서 가을바람을 맞고 있는 것일까? 집으로 들어가지 않는 것일까? 아니다. 그는 일단 부정해본다. 그리고 긍정도 해본다. 언젠가…… 원재연은 자기가 동경하는 사람의 인터뷰를 읽었다. 일을 하러 갔다가 폭풍이 몰아치는 설산에 38시간 동안 갇힌 이야기. 그는 눈을 파서 구덩이를 만들고, 생각에 잠겼다. 집으로 돌아가면 하던 생각을 그만둘 것이다. 원재연은 집 앞에 있다. 어쩐지 들어갈 수가 없어서 집 앞 정자에 앉았다. 더는 생각을 곱씹고 있지도 않다. 그냥 들어갈 수가 없다.

2020.09.10.   필요

다 그런 것도 꼭 그런 것도 아니지만, 내게 있어서 시 쓰기란 눈을 감은 상태에서 보이는 것을 쓰는 일이다. 얻는 것이 꽤 많다. 일단 묘사가 줄어들기 때문에 속도를 얻는다. 서술의 속도 때문에 묘사가 줄어드는 것일 수도 있다. 잃는 것도 꽤 많다. 속도를 포기하고 글을 써보는 것도 재밌을 것 같지만. 다음에 쓸 시는 극적인 장치를 많이 사용할 예정이라서 일단은 미룬다. 「이것은 여행이 아니다」를 고쳤다. 등장인물을 원재연으로 바꾸고 결말도 고쳤다. 조금이나마 사념 나열이 아니라 사건 서술로 보인다. 다행이네.

「이것은 여행이 아니다」를 쓰면서, 슬픈 기분에 너무 심취해서 그랬는지, 환절기라 그랬는지, 어쨌든 우울감에 빠졌다. 우울감이 나쁜 것은 아니지만. 이 우울감은 뭐랄까. 무기력이다. 나는 무기력을 좋아하고, 아마 다시 몇 주간 아무 글도 쓰지 않고, 잠만 잘 수도 있을 것이다. 그러다 운이 좋으면 갑자기 천국에서 사다리가 내려와서 거기 갈 수도 있겠지. 게임을 하면 좋을 텐데. 재밌는 게임을. 내가 잠깐 여기 없으면 좋을 텐데. 그런 게임을 찾긴 했는데 한글화가 몇 주 후에나 이뤄진다고 한다. 할 수 없지. 그러니까 잠깐 다른 곳에 가기 위해서. 나는 극적인 장치를 필요로 한다. 끔찍한 이야

기를 만들고 싶다. 끔찍한 이야기 앞에서는 무기력도 그저 무기력에 불과하니까.

2020.09.11. 교실 밖 격리

모두가 각자의 집에 격리된 이 시점에, 더는 모두가 속한 단일한 무대를 구상할 수 없다. 중학교 교실은 군상을 잘 나타낼 수 있는 효율적인 무대다. 트위터가 중학교 교실이라면 사람들이 자신의 누를 반성하기가 훨씬 더 쉬울 것이다. 그러나 단일한 무대도, 새로운 무대도 쉽게 상상할 수 없는 무대가 2020년 코로나의 무대다. 우리는 함께 격리되어 있는 것이 아니다.

2020.09.16.   널 사랑해

저번 금요일에 썼다가 지운 얘기들이 너무 많다. 그냥 써야 되니까 쓰는 것처럼 느껴져서 다 지웠다. 그런 글은 쓰지 않을 것이다. 예전엔 누굴 미워하기 위해서 글을 많이 썼던 것 같은데. 요즘엔 시를 쓰기 위해서만 글을 썼던 것 같고. 매주 시를 쓰고자 했는데 그게 훌륭한 시인인 나로서도 그렇게 쉬운 일은 아닌 것 같고. 몇 개 쓰니까 아주 마음이 돌멩이가 되어가지고 아무것도 못 쓰겠고. 그래서 주말은 푹 쉬고, 월요일은 주말의 여파로 쭉 쉬고, 어제는 집 앞에 카페가 쉬어서 나도 쉬었다. 내가 쉬면 슬퍼할 사람 있을지도 몰라. 누군지 알려주면 내가 주말에도 안 쉬고 시 쓰기 위해 글 쓸게요. 당신을 위해.

어제는 반 장난으로 SNS에 기도를 잔뜩 올렸다. 해주세요. 제발요. 누구에게 빈 것인지는 나도 모른다. 기도로 시를 써보는 것도 좋은 것 같다고 생각했다. 극적인 요소가 많이 등장하는 시를 쓰기로 했지. 극적인 요소. 핵심은 갈등이지. 대립이고. 누구랑 누가 등장하고, 소리를 지르거나 비아냥거리겠지. 나는 그 옆에서 기도를 하고 싶었다. 비겁하게.

코로나 때문에 먼 곳을 상상하기가 어렵다. 얼마나 먼 곳이냐면. 망원이 아닌 곳(나는 망원에 산다)을 상상하기가 어렵다. 누가 어디에 있다는 것을 믿을 수가 없다. 실존주의의 실패다. 그래서 시를 쓰기 위해 내가 처음 해야만 하는 일은, 상상 속에서 코로나를 종식시키거나, 코로나를 이용하는 일인데. 이용하는 편이 좋겠지. 내일 시작하자. 나는 내일이 좋아. 내 사랑하는 고양이 한지는 오늘이 좋대. 지금이 좋고. 지금 놀자고 해. 알았어 놀자. 간식도 먹고. 내 허벅지에 기대어 그루밍을 하렴. 사랑해.

2020.09.17.　　　　　　　　　　　　　　　　불필요한 질문

어제 창작 강의에서 떠들다가 하농 찬성론자와 반대론자의 갈등이 나오는 시를 쓰면 좋을 것 같다고 생각했다. 부드러운 갈등이라서 좋은 것일까? 그렇다면 좋지 않을지도 몰라. 어쨌든 나는 하농이 좋고, 하농이 나오는 희곡을 쓴다는 마음으로 작업을 시작하면 될 것이다. 아도르노의 『신극우주의의 양상』을 읽고 있는데, '공포의 예견'을 어떻게 민족주의자들이 이용하는지에 대한 얘기가 나온다. 공포의 예견과 공포를 각기 다른 것으로 사유할 수도 있을 것 같다. 하농으로 하여금 피아노 실력이 후퇴할 것이라는 생각은 공포인가, 공포의 예견인가? 피아노 실력이 후퇴할지도 모른다고 생각하는 자는 대체 누구인가? 무서워 떠는 자는 누구인가? 후퇴한다면 얼마나 후퇴할 것인가? 후퇴라는 말을 이렇게 많이 반복해서 써도 괜찮을까? 하농 찬성론자와 반대론자의 싸움 앞에서 기도하는 자는 어떤 기도를 하게 될 것인가? 어떤 싸움일 것인가? 그들은 어디서 싸우는가? 기도하는 자는 어디서 기도하는가? 여기서 내가 확신할 수 있는 것은,

누구에게 기도하는가?
이 질문은 하지 않아도 된다는 것뿐이다.

2020.09.18.　　　　　　　　　　　　　　　　기다려

하농에 대해 더 알아봐야 뭐든 쓸 수 있을 것 같다. 친구가 알려줬는데, 음악교육학 논문 같은 거 좀 보는 것도 좋겠고. 제목은 '내 작은 손'으로 해야겠다. 사실 나는 시를 쓰기 전에 취재를 충실하게 하는 편은 아니다. 뭘 읽어도 막상 쓸 때는 전혀 반영이 안 되기도 하고. 그냥 시를 쓰기 시작하는 게 너무 떨리고, 왠지 긴 여정이 될 것 같으니까, 최대한 시작을 지연시키기 위해, 다른 곳으로 눈을 돌리기 위해서 별 상관도 없는 관련 논문을 읽거나 다큐/극 영화를 보는 것이다. 이번에도 그렇게 하고 싶다.

며칠 동안 SNS를 너무 오래 주시했다. 결론은 그러면 안 된다는 것이다. 시간을 조금만 더 가지면, 말하고 싶은 욕구를 조금씩 계속 참으면, 메타 비평을 하는 대신 시를 쓸 수 있다. 시가 메타 비평과 어떻게 구분되는 것이냐고 누가 묻는다면 딱히 대꾸할 방법이 없지만. 어쨌든 나는 침묵 찬양론자가 아니고, 말도 누구보다 많은 사람이지만. 남이 한 말에 첨언을 하다가 보면 처음엔 그럴 의도가 없었더라도 결국엔 누굴 이겨먹고 싶어지니까. 그게 난 참 슬픈 것 같아. 난 항상 생각 속에서 많은 것들을 부정해. 그게 아니라고. 너도 아니고, 너도 아니라고. 옛날엔 그걸 다 말해야 된다고 생각

했어. 아니야, 아니야, 아니야. 계속 그렇게 떠들면서 뭐라도 된 것처럼. 그냥 그게 새로운 생각처럼 느껴져서. 막 자랑하고 싶었던 것 같다. 새로움에 대한 새로움에 경도되지 말자고 그토록 다짐했는데. 어쨌든 언제까지 내가 참을 수 있을지는 모르겠지만. 올해는 매 순간 시를 쓴다고 생각해야지. 그러면 할 수 있는 말도 못 하게 된다.

2020.09.19.   계획

오늘은 토요일. 한지 밥을 주고, 저녁을 먹고, 학생들이 쓴 글에 코멘트를 단다. 집에서 잠깐 운동을 한다. 한지와 사냥놀이를 한다. 집중력이 허락한다면 찰리 카우프만 영화를 본다. 내일은 일요일. 일어나서 NBA 보스턴 대 마이애미 경기를 본다. 씻는다. 하농을 소재로 시를 쓰기 위해 취재를 한다. 컨디션이 되면 시를 시작하겠지만 아마 어려울 것. 만약 내일 시를 시작하지 못한다면, 아무 글도 쓰지 않는다. 대신 『신극우주의의 양상』을 끝까지 읽는다. 릴레이 소설 홈페이지를 완성한다. 완성하지 못할 수도 있다. 한지와 놀아주고 밥도 주고, 밥을 짓고, 먹고, 집에서 운동도 조금 한다. 게임을 좀 해야 할지도 모른다. 그런데 할 게임이 없다. 다음은 월요일. 시를 시작한다. 한지를 사랑하고, 저녁 10시에 필라테스를 하러 간다. 그리고 화요일에는 일어나서 NBA를 보고, 수요일에 할 수업을 준비한다. 학생들이 쓴 글에 코멘트를 단다. 함께 읽을 시를 준비한다. 한지 사랑. 밥을 짓고, 먹고, 집에서 운동을 좀 한다. 수요일은 수업. 오전부터 오후까지 하느라 힘들겠다. 그리고 목요일. 다시 계획을 쓴다. 그 계획은 계획 노트에 쓴다. 공개하지 않는다.

2020.09.22.   좋아

내 머릿속에서 「내 작은 손」은 자기 자신이 망할 것이라고 생각하는 사람에 대한 시였다. 그런데 자기 자신이 망할까 두려워하는 것보다 더 흥미로운 건, 자신이 책임지고 있는 사람이 어쩌면 망할 것이라는 두려움인 것 같다. 피아노 치는 사람이 나오고, 피아노 치는 사람을 케어하는 사람이 둘 나오고, 캐릭터가 하나 더 등장할 수 있을 것 같은데. 아직 그 사람에 대한 밑그림을 그리진 못했다. 기도하는 사람이면 좋겠는데. 그건 그냥 그 사람이 이 시에서 하는 일이다. 조금 더 구체적인 전사가 필요하다. 어쨌든 이런 식으로 시를 쓰면 「사천의 선인」을 비트는 작품이 될 수도 있을 것 같다. 중요한 것은 두려움에서 파생되거나, 두려움을 감싸고 있는 다른 감정들을 놓치지 않는 것이다. 궁극적으로는 사랑에 대한 시가 되어야 한다. 나는 세상 사람들의 두려움을 경감시키고 싶지만, 그건 너무 큰 꿈이고. 내가 제시할 수 있는 것은, 두려움과 두려움을 둘러싼 수많은 감정들 중에 사랑이라는 것이 있고, 사랑을 통해 잠시 무대 밖으로 모두가 내려올 수 있다는 것을. 말하고 싶은 걸까? 모르겠다. 정말로 사랑에 대한 시가 되어야 하는지. 아름다움에 대한 시는 아름다움이 무엇인지 잘 모르기 때문에 쓰지 않으면서, 사

랑에 대한 시는 왜 쓰려고 하는지. 아마 사람들이 사랑을 좋아해서 사람들 좋아하라고 쓰려는 건가 싶고. 그렇게 치면 사람들이 제일 좋아하는 것은 죽음이다. 그리고 사람들을 떠올리면서 시를 써서는 안 된다. 한 사람을 위한 시를 써야 한다. 어쨌든 여러 가지를 고려하기 위해서는 짧은 시가 되지 않아야 될 것 같은데. 앉은 자리에서 긴 시를 뚝딱 쓰기에는 요즘 너무 바쁜 것 같고. 짧은 시 몇 편을 써서 합치는 방식으로 써도 좋을 것 같다. 그게 더 힘들지도. 힘들면 좋지.

2020.09.23. 휴가와 시

시간이 많아야 시를 쓰는데. 너무 많아서 넘쳐서 내일이 오지 않을 것처럼 시간이 많아야 시를 쓰는데. 허송세월 보내도 괜찮아야 시를 쓰는데. 이번 주말엔 쓸 수 있었으면 좋겠다. 선생님이 홈페이지에 일기를 안 올리셔서 죽은 줄 알았어요. 오늘 수업 듣는 학생이 그렇게 말했다. 그렇게 생각할 수도 있겠구나. 이제 또 수업이다. 사람들 글이 다 좋다.

2020.09.26. 상실

시를 쓰고 싶은데 다른 쓸 글이 있어서 쓸 수가 없다. 마음껏 흥분하고, 떨어지고, 피곤해도 되면 시를 쓰기 시작한다. 며칠 일기도 쓰지 못했다. 시에 대한 글만 쓰기로, 시를 쓴다는 마음으로 쓰기로 결정해서 이러는 것 같다. 장기 여행의 좋은 점은 약속에서 자유로울 수 있다는 것이다. 인도 함피에서 「펜은 심장의 지진계」라는 시를 썼던 일이 생각난다. 숙소에 나 말고 다른 손님이 없었지. 관광상품을 파는 곳에서 종이 질이 나쁜 노트를 샀지. 잘 나오지 않는 볼펜도 샀다. 시를 쓰는 동안 날씨가 없었던 것 같다. 선생님에 대한 시니까 선생님을 생각했겠지. 그런데 선생님을 생각했던 기억은 없다. 기억도 없으니 감정도 없다. 선생님은 몇 년 전에 죽었다. 선생님을 생각하니 슬프다. 종종 이렇게 선생님 생각을 했던 것 같은데. 기억이 없다. 아주 사소한 것들이 저절로 기억이 되어서, 그 기억들의 감정과 함께 살고, 시도 썼던 것 같은데. 이젠 사소한 것들이 그냥 사라진다. 어쩌면 나는 매일 선생님을 떠올리고 있는지도 모른다. 선생님 생각에 매일 슬픈지도 모른다. 그러나 다 까먹는다. 까먹지 않으려면 일기에라도 써야 하는 것일까. 그러면 일기가 얼마나 길어질까. 나는 항상 알았던 사람들의 표정을 떠올리니까. 어제 떠올렸을 때, 그 사람의 표정이 어땠지? 그저께 떠올렸을 때는 어땠지? 예전엔 이렇게 어제와 그저께 떠올렸던 표정을 오늘 다시 떠올리며 허송세월을 잘도 보냈지. 더는 감당할 수 없었는지도 모르겠다. 이렇게 계속 사람들 표정을 감당하면서 살면 행복해질 수 없다고 생각했는지도. 나는 약속이 무섭다. 다짐도 무섭다. 선언도 무섭다. 표정도 무섭다. 잠시 화면 밖으로 고개를 돌렸다가 돌아왔다. 약속이 무섭고, 다짐이 무섭고, 선언이 무섭고, 표정이 무섭다고 썼구나. 왜 그렇게 썼지? 기억이 나지 않는다. 나는 내가 좋아했던 사람들의 표정이 무섭지 않다.

선언

 이 선언문은 '다음 시 페스티벌'에서 무료로 태포될 예정입니다. '다음 시 페스티벌'은 2020년 10월 24일 토요일 대학로 공공그라운드에서 진행되는 행사입니다.

 내 선언을 망치러 와달라는 초대. 이것이 선언의 본질인 것 같습니다. 내가 없어도 계속 이어질 것이라는 믿음. 이것이 선언의 본질인 것 같습니다. 그러니 오늘 저는 쉽사리 무언가를 선언할 수 없습니다. 과거에 너무 많은 선언을 했고, 이미 내가 그 선언들을 번복하였기 때문이기도 하지만, 미래의 당신들이 내 선언을 폐기하고, 더 훌륭한 선언을 할 거라고 생각하니 기분이 좋지 않기 때문입니다. 시의 미래를 믿고, 시가 세계를 바꿀 수 있다고 믿는 한 사람으로서, 미래의 시인이 나의 선언을 폐기한다고 하면 기분이 좋아야 정상이겠지만, 오늘 저는 정상이 아닙니다. 시가 세계를 바꿀 수 있다고 믿는다. 방금 나는 그렇게 말했습니다. 그 믿음을 실현하기 위해서, 앞으로 제가 하고 싶은 일들을 쓰겠습니다. 나를 결정하는 것은 내가 아니라 당신들이기 때문입니다. 나는 내 다짐이나 비전을 통해 결정당하고 싶지 않습니다. 나는 내 시를 통해 판단되고 싶습니다.

앞으로 나는 내 시를 모두 무료로 배포할 것입니다. 인터넷에는 당연히 게시할 것이며, 중심이 되는 장소는 http://completecollection.org입니다. 거리에도 배포할 것입니다. 배포할 수 있는 모든 수단을 사용할 것입니다. 제 시가 마음에 드신다면 여러분도 제 시를 적극적으로 배포해 주셨으면 합니다. 저는 앞으로 후원을 통해서만 생존을 도모하겠습니다. 많은 것을 무료로 향유할 수 있는 이 시대에, 시집을 구매하는 행위 자체가 후원이라고 생각합니다. 그러니 만약 제 시집을 구매하신다면 그건 구매가 아니라 후원입니다. 시집을 사지 않으셔도 제 시는 어디서나 공짜로 읽을 수 있을 것입니다.

앞으로 나는 내가 다루는 장르명을 Poet으로 번역하지 않고 SI라고 번역할 것입니다. 제가 외국의 대형 서점에 갔더니 Poet 매대가 너무 작았고 랭보, 보들레르, 명언집이 거기 있었습니다. 나는 랭보와 전혀 다른 방식으로 글을 씁니다. 내 시는 명언이 아닙니다. 내 시는 더 많은 곳에서, 더 많은 사람들의 이목을 끌어야 마땅합니다. 저는 한국의 시인들이 전략적으로, 자신이 쓰고 있는 장르를 이제까지 없었던 장르로 사유해야 한다고 봅니다. 말장난에 불과할 수도 있지만, 어차피 시 창작은 언제나 다음과 같은 질문에서 출발합니다. 시란 무엇인가? 그리고 우리는 소설도 아니고, 희곡도 아니고, 영화도 아니며, 그림이나 학문이 아닌 것을 쓴다고 생각하면서 시를 씁니다. 그렇다면 시는 지금까지 우리가 시라고 생각해왔던 그것을 이미 초월하여 존재합니다. 그러니 가장 오래된 장르라는 권위를 버리고, 가장 최신의 한국에서 출발한 문학 장르라는 포장을 두려워할 필요가 없다고 생각합니다. 한국의 현대시를 새로운 장르로 포장하려고 하면 아마도, 그래서 네가 쓰고 있는 그 글의 새로운 점이 무엇이냐는 질문을 받겠지요. 그때 절대로 함정에 빠지면 안 됩니다. 초현실주의 선언은 말로는 시의 위상을 높이고자 했지만, 정작 시를 그저 사유의 한 방식으로 명명하고, 다른 예술 장르들이나 인문학이 계속 '시적'이라는 수식을 사용할 수 있게 하는 데 도움을 줬습니다. 어떻게 사유할 것인지를 말하면 잡아먹힙니다. 지는 게임이 됩니다. 어차피 말로 설명할 수 있는 사유의 방식이라는 것이 다 거기서 거기이기 때문이죠. 시가 다른 장르의 수식이 되지 않기 위해서, 시는 다른 장르의 작법을 철저히 부정하는 방식으로 쓰여야 합니다. 실제로는 영상의 작동 방식과 비디오게임의 철학적인 부분에서 영감을 얻어야 합니다. 더는 시가 다른 매체에 영향을 주는 것이 아니라, 시가 다른 매체에서 영향을 받아야 합니다. 그리고 어디서도 보지 못한 형식의 글을 생산하기 위해 노력해야 합니다. 아마 완성은 어렵겠지요. 그러니 우리는 우리의 노력을 증거로 보이면서. 마치 새로운 장르를 개발한 것처럼 굴 것입니다. 그렇게 우리는 새로운 장르를 창안할 것입니다.

2020.09.29. 파충류

드디어 모든 것이 끝난 것 같고 이제 시만 쓰면 될 것 같은데 사실은 아무것도 끝나지 않았다. 그리고 지금 혈압에 문제가 확실히 있어서 약을 먹었는데도 눈이 빠질 것 같고, 기침만 하면 머리에 어떤 다른 차원에서 폭발이 일어나는데 그게 정말로 다른 차원이라서 어디가 실제로 아픈지를 모르겠다.

하동에 대한 시를 아직도 시작하지 못해서, 매일 샤워를 하면서 망하면, 망하면, 망하면, 괴롭지. 망할 것 같으면, 망할 것 같으면, 괴롭지…… 이런 생각만 계속 하고 있는데 어쩌면 시가 시작되었는지도 모른다. 내일은 연휴의 시작이다. 추석 연휴가 끝나도 주말 연휴가 있기 때문에. 꽤 많은 시간이 내게 주어진 것이고. 나는 드디어 내가 그렇게도 원하던, 허송세월을 충실하게 보낼 시간을 확보하게 된 것이다. 이 기회를 절대로 놓치지 말자. 처음엔 그냥 계속 중얼거리는 거야. 망하면, 망하면, 망할 것 같으면, 망할 것 같으면, 괴롭지…… 그리고 게임도 하는 거야. 아무 게임이나 일단 하자. 오늘 꼭 하는 거야. 정말 재미가 없을 거야. 나는 해보지 않고도 알아. 그렇지만 나는 게임을 할 것이고. 시를 쓸 것이다. 만약 이번 연휴에 시를 쓰지 못한다면. 나는 불굴의 의지로 다음 주도 연휴로 만들 것이다. 피가 차가워진다. 나는 도마뱀 인간이다.

2020.09.30.　　　　　　　　　　　　　　　출발한 혼돈

지나치게 방대한 생각들. 하농, 작은 손, 극적인 이야기, 신이 등장하지 않는 사천의 선인, 어째서 신이 등장하지 않아야 하는가? 음악교육학 논문의 아름다운 어휘, 선택의 중요성, 신극우주의의 양상, 두려움, 슬픔, 기도. 이것들을 모아서 내가 하고 싶은 말이 무엇일까? 이것들을 제대로 연결해 글을 쓰려면 무엇을 포기하고, 어떤 형식을 취해야 하는 것일까? 내가 왜 이 시를 쓰기로 했을까? 너무 많은 질문들이 있고, 더 생길 예정이고. 지나치게 방대하다. 저번에 언급했던 것처럼, 짧은 시 몇 편을 써서 합치는 것이 가장 현실적일 것 같은데. 그러기가 싫은 이유는 뭘까? 연작시를 곧잘 써왔고. 꼭 합치는 것보다는 그냥 연작시로 두는 게 더 나을 수도 있으니까. 그런데 그렇게 하면 예전의 작업을 되풀이하는 것 같아서 싫다. 전체 형식을 생각하지 않고 시작하기 싫고, 전체를 관통하는 주제를 찾지 않고 시작하기도 싫다. 그런데 전체를 관통하는 주제를 찾기 위해서는, 다시 저 방대한 생각들 하나하나를 내 식대로 소화해서, 저 이야기들의 인식을 확장해야 한다. 아니면 따로 이야기 하나를 준비하고, 그 이야기를 왜 들려주고 싶은지를 결정하고. 저 소재들은 그야말로 레퍼런스로만 사용하면 된다. 어렵다. 일단 화자가

필요하다. 그 화자가 저 레퍼런스들과 붙어서 인식을 확장하거나, 그냥 소재로 사용하게 만들어야 한다. 어떤 화자가 필요한가? 화자를 셋 정도 등장시키자. 희곡처럼 보이지 않게 하려면 어떻게 해야 하는가? 대본이 아니려면? 어떤 장치가?

2020.10.02. 양면 고양이

고양이가 내 품에 파고들어 잠을 자면, 내 몸은 고양이가 있을 자리가 된다. 그러면 나는 비로소 행복감과 불안감에 젖어 무(無)를 감각한다. 나는 고양이를 위한 공간일 뿐, 공간일 뿐, 나는 움직일 수 없게 되었다. 나는 아무것도 아니다. 고양이의 덕으로 나는 자신의 뿌리 깊은 자의식 과잉에서 해방된다. 그러나 동시에 나는 내가 움직일 것 같아서. 그러면 고양이가 나를 떠날 것 같아서 불안하다. 그리고 이 양가적인 감각은, 나는 언제나 양가적인 상태를 불편함으로 감각한다. 나는 불편하다. 가장 행복하고 따뜻한 상태에서도, 나는 불편하다. 양가적인 상태는 양가적인 상태를 만든다. 그리고 여기서 조금 흥미로운 것은, 고양이야말로 양가적인 존재 중에서도 아주 독보적으로 양가적인 존재라는 것인데. 말 그대로 조금 흥미로울 뿐이다. 나는 고양이를 사랑한다. 그리고 나는 이렇게 불편한 자세로 한참을 누워 시를 생각했다. 피아노 지도하는 사람과, 지도받는 사람과, 이들의 관계를 인터랙티브 무비 형식으로 받아들이는 사람이 나오게 하면 좋겠다고. 그리고 전반적인 서술은 전지적 작가 시점으로 하면 어떨까 구상했다. 꽤 멋진 대목을 직접 머릿속으로 써보았다. 조금 써본 다음 머릿속으로 낭송을 했다. 괜찮았다. 완전히 만족스럽지는 않았다. 일단 슬프지 않았고, 무섭기만 했다. 그리고 지금 내가 이 시를 왜 쓰려고 하는 거지? 거기에 대한 답이 아직 충분치 않다. 나는 지금까지 내가 쓴 글이 대부분 슬프다는 사실을 잘 알고 있는데, 일부러 그렇게 쓰려고 했던 것은 아니다. 하지만 이번 시집은 일부러 그렇게 쓰려고 노력하고자 한다. 어쨌든 나는 늙고 있다. 나는 뭔가를 계속 잃어버리고 있다. 이대로 그냥 방치하면 분명히 어떤 감정을 잃어버릴 것이다. 그렇구나. 말로는 슬픔이라고 하지만. 나는 내가 아는 어떤 감정을 자꾸만 시에 담으려고 하는 것이고. 아직 그것을 무엇이라고 불러야 하는지도 모르는 것 같다. 어쩌면 불편함일 수도 있겠지. 어쩌면 불편함일 수도 있을 것이다. 그렇다면 잃어버릴 걱정은 하지 않아도 되는데. 어쩌면 불편함이 아닐 수도 있겠지. 어쩌면 불편함이 아닐 수도 있을 것이다. 그러니 나는 쓴다. 일단은 이 감정을 슬픔이라고 부르기로 한다. 나는 천천히 잃어버릴 것이다. 내 사랑하는 고양이처럼.

2020.10.03.   감정적 규칙

하농에 대한 시를 고민하는 데 너무 시간을 오래 끌었다. 아직도 뭔가 부족한 느낌. 너무 많은 고민을 해서 감정이 들어갈 틈이 막힌 것처럼 여겨진다. 실제로 막힌 것은 아니겠지만. 어쨌든 이럴 땐 다른 시를 생각하면 좋다. 어쩌면 점심에 관한 시를 하나 더 쓰는 게 좋을지도 모르겠다. 저번에 쓴 점심 시는 끝나지 않는 점심이 나오는 시였지. 이번엔 '만나서 시 쓰기'라는 제목으로 써도 좋을 것 같다. 나는 시인 친구가 거의 없고, 누굴 잘 만나지도 않는데, 백은선과 안미옥과는 주기적으로 만난다. 우리 모임 이름이 만나서 시 쓰기다. 보통 점심에 만난다. 이번에 점심 시 앤솔러지에 셋 다 참여하는데, '만나서 시 쓰기'라는 제목으로 셋 다 시를 쓰면 어떨까? 얘기했다. 어떻게 쓸지는 생각도 안 했다. 지금부터 한다. 저녁에 만나면 헤어지기 싫지만, 점심에 만나면 헤어지는 것이 한결 쉽다. 저녁에 헤어지면 다시는 만나지 못할 것만 같은데, 점심에 헤어지면 또 점심에 볼 수 있을 것만 같다. 따뜻한 규칙이군. 규칙도 아니지만. 그럼 내일 더 쓴다.

2020.10.04. 예술혼 채우기

몇 주 전에 넷플릭스에서 영화 틀고, 13분 정도 있다가 폰으로 스포일러 검색하고. 끄고. 다시 영화 틀고, 13분 보다가 스포일러 찾아보고. 끄고. 계속 그러다가 「이제 그만 끝낼까 해」를 틀었는데 이건 스포일러 찾아보면 안 되겠다. 이건 집중해서 봐야겠다. 그러고 껐다. 누가 찍었는지만 찾아봤는데 찰리 카우프만 영화였다. 아, 찰리 카우프만 좋아했지. 역시 내 감식안이란. 시 쓰다가 막히면 봐야겠다. 제일 효율적으로 빠르게 예술혼 채우는 방법은 자의식 충만한 예술가 영화 보는 거니까. 그래서 계속 아껴두다가 어제 새벽에 봤다. 이걸 꼭 영화로 찍었어야 했나? 원작 소설이 어땠길래 굳이 영화로 만들 생각을 했지? 물론 불안, 공포를 전달하기엔 소설보다 영화가 비교할 수 없을 정도로 효과적이니까. 그건 알겠는데. 이미지로 언어를 지우는 작업을 하던 사람이 언어로 언어를 지우는 작업을 하니까 자기 장기가 잘 드러나지 않았던 것 같고. 아예 초저예산으로 만든 것도 아닌 것 같아서 돈이 아깝다고 생각했고. 실망스러웠다. 원래 실망한 영화에 대해서는 언급을 잘 하지 않는 편인데. 그래도 불안에 대한 시를 쓰기 전에 불안을 다루는 데 시간을 아주 많이 할애한 영화를 봐서 도움은 된 것 같다. 찰리 카우프만 필

모 내내 뚱뚱하고 병들고 불쌍한 백인 남자 노동자에게 감정적 공감을 자주 하는데, 그가 정말로 뚱병백남 블루칼라에 자신을 대입할 수 있는지, 만약 윤리적 부채감을 최소한으로 느끼면서(안 느끼거나) 그게 가능하다면, 그거 완전히 정신 질환인 거 아닌가? 근데 뭐 정신 질환이 나쁜 건 아니지. 그런 생각을 했다. 뭐 그래도 차를 타고 눈 내리는 도로를 40분 정도 달리는 체험을 소파에 앉아서 할 수 있었다고 치면, 괜찮은 시간이었고. 나는 찰리 카우프만 세계의 괴로움에 깊이 공감하는 사람으로서, 이번엔 몸과 마음이 거의 아프지 않았지만, 다음엔 괜찮은 체험을 했으면 좋겠고. 어쨌든 고맙고.

2020.10.07.   죽지는 마라

날씨가 추워서 힘들다. 계속 잠만 잤으면 좋겠다. 그러다 일어나서, 이렇게 많이 자도 별로 달라지는 것도 없구나. 그렇게 생각하고 다시 잤으면 좋겠다. 그렇게 계속 잤다. 늦잠을 자서 수업에 4분 늦었다. 죄송합니다. 그러고 이런저런 얘기를 했는데 다 마음에 들지 않았다. 어쩌면 내가 나를 마음에 들어 하지 않는 게 아니라, 수업 듣는 사람들이 나를 마음에 들어 하지 않을 것 같아서, 그러니까 잔뜩 위축되어서 갑자기 별 쓸데없는 말만 하는 것인지도 모른다. 자신감이 없어서. 벌써 10년을 수업했다. 솔직히 나는 나보다 괜찮은 시 창작 교사가 없는 것 같고. 그런데도 나는 내가 마음에 들지 않고. 괴롭다. 나는 괴로울 때 뭐가 잘 안된다. 수업을 하면 보통 괴롭다가도 금방 흥분이 돼서, 떠들다가 보면 덜 괴롭게 되고. 그러면 수업이 잘되곤 하는데. 오늘은 그렇게 잘되지 않았다. 계속 집에 가서 잠을 자고 싶었다.

오후 수업 전에 밥을 먹으면서, 넷플릭스에서 「코민스키 메소드」라는 드라마를 잠깐 보았다. 연기 수업을 하는 선생이자 배우, 주인공 이름이 코민스키다. 드라마에서 코민스키의 수업 내용이 계속 나오는데, 내가 수업에서 하는 말하고 별반 다르지 않았다. 이 드라마를 잔뜩 보고 코민스키가 했

던 말 그대로 수업에 가서 해도 되겠다고 생각했다. 그러지는 않을 것이다. 나는 코민스키보다 더 좋은 창작 선생이다. 하지 않아도 될 고민을 하기 때문인 것 같다. 학생이 고민에 빠지면 나도 그 고민을 같이 한다. 그게 나를 힘들게 한다. 누구랑 같이 힘들어하고 싶어 한다는 것이 내 인격의 멋진 점이지만. 그냥 멋진 수업을 하고 싶으면. 사람들이 하는 고민은 실컷 하라고 두고 나는 그냥 내 고민만 더 많이 하는 게 나을 수도 있다. 솔직히 말해서 사람들이 하는 창작에 대한 고민 중 대부분은, 내가 이미 했던 고민이고, 더는 하지 않기로 한 고민이다. 답이 나오지 않으니까. 조금이라도 글을 수월하게 쓸 수 있도록, 깡그리 다 잊어버리거나, 더는 이어나가지 않기로 혼자 다짐했던, 사람들의 고민은 그런 고민들이다. 그런데도 학생들이 내가 했던 고민들, 내가 더는 하지 않기로 했던 고민들을 하고 있는 것을 보면, 너무 부럽고, 그때 내가 너무 빨리 그 고민들을 내팽개친 것이 아닌가. 후회가 좀 되기도 하고. 동시에, 저 고민을 붙잡고 있으면 글쓰기에 그럴듯한 변화가 찾아오지 않을 것 같은데. 조바심이 나기도 하고. 독재자처럼 그거 그만하고 이거 하세요. 지시하고 싶기도 하고. 고민하는 그 사람이 되려고 노력하면서, 슬퍼하거나, 답답하거나, 즐겁기도 하고. 어쩌면 내가 포기한 것들 때문에 내가 더 훌륭한 시인이 될 수 있었는데 못

된 것이 아닌가? 그런 멍청한 생각도 한다. 생각도 한다? 나는 멍청한 생각만 한다. 나는 정말로 멍청이다. 이제 오후 수업이다. 최대한 안 멍청한 사람인 척 굴어야지. 어떻게 그럴 수 있지? 나는 내가 아닌 것처럼 굴 것이다. 실험이다. 내가 아닌 다른 사람으로서 수업하기.

2020.10.09.   천천히 빨리

약속이 많았다. 약속이 있는 날엔 글을 쓰지 못하는 것 같다. 약속이 있어도 쓸 수 있으면 좋겠다. 도둑맞는 꿈을 많이 꿨다. 내가 글을 쓰러 집 밖으로 나가려고 하니까 고양이가 문을 막고 앉아 있었다. 내가 요즘 너무 많이 나갔지. 미안해. 다음 주에도 많이 나가야 돼. 충남 당진에도 가야 돼. 드디어 유튜브도 찍기로 했어. 나도 시를 쓰고 싶어서 어디 안 가고 너랑만 있으면 좋겠는데. 내가 친구가 없긴 없는데 있긴 있어. 그리고 은둔 비슷하게 살기 위해서는 시만 써도 생활이 돼야 되는데. 그런 일은 일어나기 힘들 것 같은데. 만약 그런 일이 일어나서 집 밖으로 더 나가지 않게 되면, 그것도 어쩌면 문제일 거야. 너는 이해가 안 되겠지. 한지야 나는 나를 이해할 수 없는 네가 좋구나. 하늬 언니는 우리가 너를 이해할 수 없는 것은 슬프지 않지만, 네가 우리를 이해할 수 없는 것은 좀 슬프다고 했어. 슬프다고 했나? 어쨌든 하농이 나오는 시에 대해 계속 생각했어. 부담감이 생겼어. 이렇게 오래 생각했는데, 마음에 들지 않으면 어쩌지? 아직 생각 속에 마음에 드는 정황도 없는데. 내가 항상 시 쓰는 사람들에게 하는 말이 있어. 그냥 쓰고. 다시 쓰면 돼. 맞아 그러면 돼. 그리고 다음에 시를 쓸 때는 너무 오래 생각하지 말자.

부담이 되면 즐겁지 않으니까. 슬프지도 않고. 감정이 없어지니까. 너도 알겠지만. 나는 요즘 감정을 담아서 뭔가를 쓰려고 하고 있고. 솔직히 어떻게 하는 건지는 잘 모르겠지만. 뭘 하지 않아야 하는지는 알아. 아 그런데 사실은 몰라. 부담이 주는 감정도 있으니까. 최근에 미옥 언니가 하농이 나오는 시 빨리 써. 그렇게 말했는데. 시를 빨리 쓰라는 말이 아무 부담도 주지 않을 수 있구나 싶었어. 어쩌면 내가 뭐든 빨리 못 쓰고, 못 한다는 걸 아는 사람이 빨리 쓰라고 하니까 그냥 마냥 웃겼는지도. 어쨌든 나는 '만나서 시 쓰기'를 먼저 쓰려고. 하농이 나오는 시 빨리 써. 이렇게 시작하는 시를 쓰려고.

2020.10.10. 너는 웃는다

최근에 나는 나를 홍보할 필요성을 느꼈고, 쓰레기통에 들어가서 로봇과 인터뷰하는 영상을 찍으려고 한다. 쓰레기통에 들어가는 이유는 베케트의 희곡 「엔드 게임」을 좋아하기 때문이고, 「엔드 게임」을 좋아하는 이유는 거기 나오는 노인들이 쓰레기통에 들어가 있기 때문이다. 로봇과의 인터뷰는 「포그 오브 워」라는 다큐에서 로버트 맥나마라를 인터뷰할 때 로봇에 카메라를 달고 진행했던 것을 따라 하려는 것인데, 이렇게 하면 카메라를 똑바로 쳐다보면서 인터뷰를 할 수 있을 것이다. 난 뭐든 똑바로 쳐다보지 못하는 사람이라서, 이게 잘 될지는 모르겠다. 로봇도 만들기 귀찮을 것 같고. 시선을 회피하면 생각이 잘 되기 때문에 시선을 회피한다. 근데 앞에 아무도 없으면 생각이 잘 안 되고. 앞에 사람들이 잔뜩 있는데, 그 사람들의 시선을 막 회피하면서 말하는 거. 나는 그걸 정말 좋아한다. 그러다 가끔 사람들을 똑바로 쳐다보면. 다들 웃고 있다. 나도 웃고 있다. '쳐다보다'는 얼굴을 들고 위로 보는 것을 표현하는 동사입니다. 수평 방향으로 어떤 것을 보는 행위는 '바라보다'입니다. 그렇군요. 근데 된소리가 좋아서. 근데 사실 ㅊ, ㅌ, ㅍ, ㅎ 같은 건 닿소리인데. 그래요 나는 닿소리가 좋습니다.

2020.10.14. 멍청한 일기

추워서 잠을 자고 일어날 때 머리가 띵하다. 집 안은 별로 춥지도 않은데. 어쩌면 집 안은 덥지도 춥지도 않은 딱 좋은 온도인데. 그래도 일어나면 머리에 찬바람이 들어가 있다. 바람이 내 머릿속에 어떻게 들어간 것일까. 바람을 빼내려면 샤워를 해야 하는데, 나는 더 자는 것을 택하고, 더 자면 바람이 더 많이 들어가고. 피곤도 해결이 안 된다. 그러니까 겨울엔 절대로 더 많이 자면 안 된다. 적당히 자야 한다. 그러려면 일찍 자야 한다. 적당히 자면 일과 시간에 피곤해지기 때문에 낮잠도 자야 한다. 그런데 낮잠을 잘 때에도 머리에 찬바람이 들어간다. 그러니까 겨울엔 잠의 퀄리티가 낮아지고, 나는 수면 무호흡 증상에 시달리는 사람이기 때문에 잠의 퀄리티가 원체 낮고. 그러니까 나는 겨울에는 남반구로 가야 한다. 코로나가 끝나면 겨울이 없이 살도록 노력하겠다. 근데 한지를 데리고 해외로 가기가 어려울 것 같네. 그냥 겨울엔 계속 고통을 받는 수밖에. 가습기도 사고, 공기청정기도 사고, 집 온도도 딱 좋게 맞춰보고 별 쇼를 다 해도 찬바람은 머리에 들어온다. 아 족욕기도 있지. 족욕을 하면 좀 괜찮을 것 같네. 오늘은 족욕을 해야겠다.

2020.10.15.　　　　　　　　　　　　　　　　　　기억

고등학생 때, 나는 학원에 빠지고 인디 밴드 공연에 가고 싶었고, 부모는 안 된다고 했고, 나는 내가 왜 꼭 그 공연에 가야 하는지에 대한 글을 A4용지 가득 써서 부모에게 줬다. 정말 생각이 많고, 깊고, 글도 잘 쓰는구나. 그러나 안 된다. 너는 학원에 가야 한다. 그래서 나는 학원에 갔다. 아직도 그날 공연에 가지 못한 일이 종종 생각이 난다. 진짜 아득히 먼 옛날의 일이다. 내 요구가 받아들여져서 학원 대신 공연에 갔으면 어땠을까? 솔직히 그랬으면 부모에 대한 고마움이 기억에 남았겠지만. 공연에 가지 않았기 때문에, 나는 내가 그 공연에 가야만 하는 이유를 A4용지에 쓰고, 부모에게 보여주고, 칭찬을 받았을 때의 기분을 기억한다. 그게 이 기억의 핵심이다. 나는 칭찬을 받아서 좋았다. 공연에 가지 못해서 학원으로 가는 버스 안에서 눈물을 흘렸던 것 같은데. 얼마나 속상했는지는 기억이 나지 않는다. 눈물을 흘리면서도 나는 내가 부모에게 멋진 글을 써서 줬다는 생각에 심취했던 것 같다. 내가 가려고 했던 공연은 아마츄어증폭기 공연이었다.

2020.10.16. 피로재미

그렇게 바빴나? 솔직히 말하면 쉽게 버틸 수 있는 정도였다. 그런데도 확실히 엄청나게 피곤해서 피곤하다는 얘기를 제외하고는 아무 말도 못 하겠다. 이건 확실히 늙어서 그렇다. 늙지 않았을 때에는 피곤하지 않았고, 피곤보다 우울이 중요했고, 계속 우울하다고 말을 해야 했는데. 매일 죽고 싶고, 매일 우울하다고 말해도 크게 문제가 되지 않았던 것 같은데. 매일 피곤하다고 말하는 건 확실히 너무 멋이 없고 말하는 재미도 없다. 아내도 회사 가기 싫다고 매일 똑같은 말을 하면서 얼마나 재미가 없을까. 어쨌든 이번 환절기는 우울 대신 피곤이 나를 지배한 첫 번째 환절기인 것 같다. 난 둘이 같은 건 줄 알았는데. 앞으로 점점 둘을 구분할 수 있게 되겠지. 피곤은 우울보다 재미가 없구나.

2020.10.19. 추위

글을 쓰기 어렵게 만드는 상황이나 환경을 비관하는 글은 그만 쓰기로 하죠. 어차피 곧 나아질 거야. 오늘 밤을 새워서 창작 수업 학생들 글에 코멘트를 달고. 내일 불굴의 의지로 세 시간 정도만 자는 거야. 그리고 수요일에 아침 일찍 일어나서. 다시 루틴을 찾으면 돼. 걱정 없어. 추워서 머리가 잘 돌지 않는 건 어떻게 하지. 괜찮아. 겨울엔 좀 나사 빠진 글만 쓰지 뭐. 「만나서 시 쓰기」는 화자를 정했지. 책 보부상. 잘 정했어. 책 보부상이 마을회관에서 사람들에게 읽어주는 책. 그 사람들 사이에 내가 있다. 그러니까 나도 화자. 그 책은 내가 쓴 책. 내가 쓴 일기를 엮어서 만든 책. 10월의 책. 10월의 책은 얼마나 두꺼울까? 갑자기 해가 지지 않는 세상에서. 시간을 알 수 없는 세상에서 쓴 일기. 만나서 시 쓰기를 하는 일기. 언제가 없어진 세상에서. 우리는 언제 만날 수 있을까? 만나기는 할까? 만나기는 할 것 같아. 어차피 이상한 세계에서의 일기니까. 이상한 얘기를 더 쓸 수도 있지 않을까? 사건.

시를 쓸 때는 가만히 눈을 감고. 혼잣말을 속으로 하는 시간이 길지. 일기를 쓸 때는 그렇게 하지 않아. 그냥 계속 쓰고. 쭉 쓰다가 지워버리지. 했던 말을 또 하는 것 같으면 지우는데. 많은 말들이 했던 말이고. 가끔은 일기를 쓸 때도 가만히 눈을 감지. 나는 눈을 감는 게 좋아. 이 말도 언젠가 했던 것 같은데. 했던 말을 좀 하면 어때. 겨울이니까 괜찮아. 겨울엔 춥다는 말만 계속 하는 거야. 하지만 내가 쓸 시에서는 해가 지지 않고. 겨울이 아닐 거야. 춥다는 말은 하지 않을 거야. 만약 해가 지지 않고, 계속 여름인 세계에서, 춥다는 말을 한다면. 그건 에어컨 때문일까. 찬물로 샤워를 하기 때문일까. 나는 찬물로 샤워를 하지 않지. 선풍기를 틀고 낮잠을 자면 좋지. 난 선풍기와 낮잠이 좋아. 책 보부상은 내 일기가 뭐가 재밌다고 그걸 사람들에게 읽어주는 것일까? 살 가치가 있는 책이니까 읽어주겠지. 책 보부상은 책을 파는 사람이니까. 아니면 이야기를 파는 사람이니까. 사람들은 유명한 사람의 책을 사니까, 시에 등장하는 나는 유명한 사람이어야겠지. 나는 해가 지지 않는 세계에서 엄청 유명한 사람이구나. 우리 모임 사람들도 엄청 유명한 사람이겠지. 단순히 문학 애호가들에게만 유명한 사람이 아니라, 문학의 문 자도 모르는 사람들도 알 법한 사람. 좋아하는 사람. 우리는 세상 사람들이 좋아하는 사람. 존경하는 사람일 수도. 위인일 수도 있겠지. 우리는 왜 위인이 됐을까? 내 일기는 우리가 어쩌다 위인이 되었는지에 대한, 유명한 사람이 되었는지에 대한 일기일까? 그럴 수도 있겠어. 나는 이 시를 왜 쓰고 싶지. 나는 우리가 또 만날 거라는 걸 알아. 아무리 만나기 힘들어도. 우리는 만날 것 같아. 그 사실이 내게 힘을 줘. 하지만 그 사실을 강조하기 위한 시는 아니야. 이제 눈을 감아야 할 것 같은데. 너무 춥다. 눈을 감고 내가 이번에 무슨 얘기를 하고 싶은지. 어떤 의미를 떠올리는지. 어떤 의미를 어떻게 전할지는 정해졌어. 어떤 의미만 생각하면 돼. 너무 춥다. 나는 유명해. 우리는 유명해. 우리는 만났을까? 어쩌면 우리는 악당일 수도 있어. 사람들이 듣고 싶은 얘기는 악당에 대한 얘기일까. 영웅에 대한 얘기일까. 누가 유명할까. 점심에 대한 시야. 만나서 시 쓰기는 점심에 대한 시야.

2020.10.26.　　　　　　　　　　　　　　어떤 사람 치우기

통제에 미친 사람. 그는 자신의 인생에서 사람을 치웠다. 통제에 미친 사람은 통제하기 어려운 것은 자기 앞에서 치웠다. 그러나 계절은 앞에서 치울 수가 없었다. 그나마 여름이 좋았다. 여름엔 에어컨을 켰다. 빨리 시원해지고. 추우면 다시 껐다. 빨리 더워지고. 다시 켰다. 그러나 겨울은 통제가 어려운 계절이다. 통제에 미친 사람은 프로이트를 떠올렸다. 그러다 카를 융을 떠올렸다. 그런 다음엔 프로이트의 후학들을 떠올리고, 카를 융에게서 영향을 받은 자들의 논문을 읽었다. 반목하거나 화해하는 사람들의 글이나 생각을 읽거나 교차로 떠올리는 것은 여름에 에어컨을 켜거나 끄는 일과 비슷하다. 그렇게 계속 읽다가, 떠올리다가, 다 틀렸어, 헛소리들, 둘 다 맞아, 타협을 해. 통제에 미쳤던 옛날 사람들을 부정하고 긍정하고, 그들에게 뭔가를 계속 제안하면서 끊임없이 통제를 하는 것이 통제에 미친 어떤 사람의 일이다. 그는 요즘 사람이다.

2020.10.29.　　　　　　　　　　　　　　　　10시

컨디션이 무너졌기 때문에 다시 컨디션을 만들기로 하겠다. 일단 단기 계획을 써야겠다. 오늘은 저녁을 먹고 수강생들에게 코멘트를 준다. 주차 벌금을 낸다. 청소를 한다. 새벽에 작업실에 가서 시를 써야겠다. 내일은 금요일이고 만나서 시 쓰기 모임을 한다. 글을 쓴다. 저녁 8시에 운동을 다녀온다. 밥을 먹는다. 청소를 한다. 그러고 빠르게 잔다. 토요일에는 쓰레기통 속에서 인터뷰를 한다. 그걸 찍는다. 밥을 먹고 집으로 돌아온다. 청소를 한다. 일요일에는 아침에 카페에 가서 시를 쓴다. 집에 돌아와서 코멘트를 좀 단다. 밥을 차려서 먹는다. 청소를 하고 빨래도 한다. 월요일에는 작업실에 가서 시를 쓴다. 박지현이 올 수도 있을 것. 자동차 수리를 한다. 아마도 운동을 할 것 같다. 화요일에는 건강보험을 처리한다. 아레나에서 청탁받은 글을 쓴다. 수업 준비를 한다. 코멘트를 할 수 있으면 좋겠는데. 수요일에는 수업을 한다. 수업과 수업 사이 남는 시간에 시를 쓴다. 목요일에는 아침에 일어나서 시를 쓰고, 지난 토요일에 촬영한 쓰레기통 영상을 편집. 아마도 운동을 할 것 같다. 머리를 잘라야 할 수도 있다. 금요일에는 종일 시를 쓴다. 이 모든 계획을 성공적으로 수행하려면 아마도 일찍 자고 일찍 일어나야 할 것이고,

몸이 너무 좋지 않기 때문에 매일 족욕을 한다. 그리고 윤정기에게 연락해서 만나기로 할 것. 번역과 출판 일은 2020년 11월 7일에 시작.

나는 진짜 문제가 많은 인간이기 때문에, 시를 쓰기 위해서는 3~4일 정도는 앞의 일정을 비워야 한다. 앞에 일정이 있다는 것만으로도 집중이 전혀 되지 않기 때문에. 아니면 일정을 모조리 지키지 않겠다고, 그냥 약속을 다 어기겠다고 결심을 해야 되는데 그게 그렇게 쉬운 일은 아닌 것 같고. 구상했던 시를 쓰지 않으면 그 시는 결국 쓰지 않게 된다. 그리고 뭘 하든 계속 쓰지 못한 시를 생각하느라 시간을 허비하고, 아침에 일어나서, 아 시 써야 되는데. 아직도 못 썼구나. 너무 괴롭다. 그렇게 생각하곤 다시 잠을 자버린다. 저녁에 일어나서 아 시 써야 되는데 아직도 못 썼구나. 너무 괴롭다. 아침에 일어났어야 하는데. 그러곤 다시 잠을 자버린다. 그러니까 시는 무조건 빨리 써야 한다. 그런데 시라는 것이 빨리 써지는 것이 아님을 잘 알고 있고. 시를 쓰기 위해서는 무조건 혼자 있어야 한다. 그러니까 새벽의 작업실이 시 쓰기에 가장 최적의 공간이라는 것은 자명한 사실이지만. 새벽에 쓰면 아침에 쓰지 못하고, 아침에 쓰지 못하면 아침에 잠을 잘 것이고. 저녁에 일어나면 인생이 망했다고 생각하니까. 아침에 작업실에 가는 것이 최선이다. 10시에 작업실에 도착을 하는 것이 중요하다. 앞으로 10시에는 작업실에 있어야 한다. 앞으로 10시에.

만나서 시 쓰기

 지금이 언제인지 알 수 없다면 어떻게 될까. 세상의 모든 시계가 멈춘다면. 아무도 숫자를 셀 수 없게 된다면. 시간을 알려주던 것들이 더는 시간을 알려줄 수 없게 된다면. 해가 지지 않는다면. 저녁이 사라진다면. 그림자가 움직이지 않는다면. 점심에 자주 만나는 우리들은 어떻게 될까. 안미옥과 백은선과 김승일은 점심에 종종 만났다. 그러다가. 우리 만나면 시를 쓰자. 우리 이제부터 우리를 만나서 시 쓰기라고 부르기로 하자. 저녁에 만나는 것보단 점심에 만나는 편이 좋았다. 저녁에 헤어지면 영영 헤어지는 것 같은데, 점심에 헤어지면 다시 만날 수 있을 것 같으니까. 서로의 일정이 맞지 않아서 오랫동안 만나지 못할 때에도, 나는 우리가 또 만날 거라는 걸 알았다. 아무리 만나기 힘들어도. 우리는 만날 것 같아. 그 사실이 내게 힘을 줘. 시간을 알려주는 것들이 모두 죽는다면. 일단 어디서 만날지만 정하자. 2층에 발코니가 있는 카페에서 만나자. 해가 지지 않아서, 세상이 엉망이겠지. 사는 게 더 힘들어지겠지. 그래도 우리는 시를 쓰겠지. 누구 하나가 카페 발코니에서 시를 쓰고 있으면 언젠가 다른 한 사람이 도착하고, 언젠가 또 다른 한 사람이 도착하겠지. 아, 드디어 만났구나. 얼마나 기쁠까? 지금이 언제인지 알 수 없지만. 우리 지금을 점심이라고 부르기로 하자. 어디서 그런 용기가 났는지. 은선이가 난간을 잡고 거리를 향해, 여러분 지금이 점심이에요. 우리 세 사람은 만나서 시 쓰기고요. 우리가 여기서 다 같이 시를 쓰고 있으면, 우리가 같이 있으면, 그게 점심인 거예요. 아시겠어요? 지금이 점심이라고요! 신이 나서 소리를 지르고. 미옥 언니도 거드는 거야. 맞아요. 우리 세 사람이 카페에 모여서 시를 쓰고 있으면, 지금이 점심이라는 뜻이에요. 여러분, 지금이 점심이에요! 길 가던 사람들이 막 쳐다보고. 어떤 사람들은 갑자기 막 박수를 치는데. 갑자기 은선이가 윽 하고 쓰러지는 거지. 은선이가 쓰러져서 당황하던 미옥 언니도 윽 하고 쓰러지고. 시간을 알려주는 것들은 모두 죽으니까. 사람도 죽는구나. 혼자 살아남은 나는 마을회관에서 페트병에 양파를 키울 거야. 양파에게 미옥이라고, 은선이라고 이름을 붙여줄 거야. 좋은 이야기를 들려주면 양파가 더 잘 자란대. 어느 날 마을회관에 책 보부상이 올 거야. 책 보부상은 17세기 유럽에 있었던 직업인데. 짧은 책을 읽어주고 다니는 사람이야. 이야기가 마음에 들면 관객들이 삯을 지불하곤 했대. 정말로 마음에 드는 이야기면 책을 구입하기도 했다더군. 어쨌든 해가 지지 않으니까. 세상이 엉망이니까. 이상한 직업이 다시 생기기도 하고. 지금이 언제인지도 모르는 사람들이 마을회관에 죽치고 앉아서, 책 보부상이 오는 걸 기다리기도 하고. 마침내 방문한 책 보부상이 책을 읽어주기 시작하고. 나는 양파들에게 속삭일 거야. 이거 내 책이야. 왜 있잖아. 내 일기랑 시를 모아서 만든 책. 만나서 시는 안 쓰고, 맛있는 것만 잔뜩 먹었던 얘기. 다음엔 꼭 만나서 시를 쓰자. 안 지켜도 될 약속만 잔뜩 하면서. 점심에 만나 점심에 헤어지면서, 미옥 언니가 그랬지. 빨리 하농 나오는 시 쓰라고. 써서 보여달라고. 우리들의 이야기가 다 끝난 다음. 나는 책 보부상에게 가서 말할 거야. 제가 이 책을 쓴 사람입니다. 그러면 책 보부상은 아쉬움을 숨기지 못할 거야. 그럼 이 책이 필요 없으시겠네요? 정답입니다.

2020.11.08. 일맞춤

비약이나 중략도 침묵일까. 그렇다면 나는 작품에 침묵을 사용하고 있는 것일까? 여백을. 시를 쓰면서 장면을 자꾸 건너뛰거나, 대상에 대한 설명을 일부러 생략하기도 했지만, 그건 떠들지 않기 위한 방편이 아니라 어서 빨리 다른 뭔가를 더 많이 떠들기 위한 선택이었지. 일본 만화를 보다가 그런 생각을 했네. 일본 만화들엔 참 여백이 많구나. 침묵도 많고. 사람들이 좋아라 하는 것이지. 나도 좋아하지. 텅 빈 공간이나, 정적인 순간을. 사진을?

나는 말을 적게 하려고 시를 택한 게 아니다. 말을 하려고 문학을 택했지. 잘 보니까 아무 말이나 하는 것 같아서, 말을 더 많이 할 수 있을 것 같아서 시를 택했던 것 같다. 사실 나는 풍경을 정말로 좋아하는 것 같은데. 풍경이 아니라 바람을 좋아하는 것 같은데. 바람이 아니라 여백을 좋아하는 것 같은데. 그런데도 침묵은 아직도 좋아한다고 말할 수가 없네. 어쩌면 다 같은 것들인데. 일본 만화나 폼 잡는 영화나 강원도나 전염병 시대의 골목길이나 맥그로드 간즈의 여백 앞에서도 내 머릿속은 너무 시끄럽고. 내게 있어서 침묵은 아직 말 되어지지 않은 것들이거나, 지금 말 되어질 수 없는 것에 불과하고. 그러니까 나는 할 수 있는 말을 어떻게든 전부 하려고 애를 쓰고. 침묵을 줄이고, 줄이고, 더 팽팽한 침묵만 남도록 침묵을 괴롭혔던 것이고. 그게 내 일이었고. 이제는 지친다. 어쩌면 나도 일본 만화에 등장하는 고등학생들의 떨림 같은 걸 쓰고 싶은 것인지도. 여백 없이는 징그럽게 표현할 수밖에 없는.

2020.11.09.　　　　　　　　　　　　　　　왜

쓰고 있는 글이 마음에 쏙 들지 않으면 다시 쓰는 편이 좋다. 그러나 쓰던 글을 날려버리는 건 너무 힘든 일이라서 나는 질문한다. 왜 쓰고 있지? 소재가 좀 마음에 들어서. 내가 쓴 어떤 문장이 조금 흥미로워서. 아니 그게 아니라. 이 글을 왜 쓰고 있지? 적절한 답변이 생각나지 않을 때. 거의 항상. 왜 쓰고 있냐는 질문에는 제대로 답할 수가 없고. 그래서 나는 다시 쓰기로 한다. 쓰던 글을 과감히 지워버리고. 무엇을 왜 쓰려고 하지? 조금이라도 마음이 동할 때까지. 질문 앞에서 눈을 감는다.

왜 쓰고 있지? 이 질문이 더는 효과를 발휘하지 못한다면. 모두 날려버리고, 다시 쓰게 되지 않는다면. 당신은 왜 쓰고 있느냐는 질문을 통과한 것이다. 그러고도 쓰고 있는 글이 마음에 쏙 들지 않는다면. 화자나 무대, 구조나 형식에 관한 질문을 던지면 되는 것이다. 여러 질문을 통과하다 보면 글이 엉망이 될 때가 있는데. 그때 다시 물어본다. 왜 쓰고 있지? 당연히 적절한 답변이 떠오르지 않을 것이고. 그럼 다시 쓰던 글을 과감히 지워버리고. 무엇을 왜 쓰려고 하지? 조금이라도 마음이 동할 때까지. 질문 앞에서 눈을 감는다. 나는 보통 이렇게 시를 쓴다. 나는 하농만 남기고 모두 지웠다. 나는 눈을 감아야 한다. 눈을 감아도 잠이 오지 않는 곳에서. 집에서 먼 곳에서. 오늘은 새벽에 작업실에서.

2020.11.19. 잊어버리기

11월 11일에 수업이 끝나고, 지쳐서 계속 쉬었다. 쉬더라도 잠에서 깬 상태로, 눈만 감고 생각이라도 하면서 쉬었으면 좋았을 것 같은데. 그냥 계속 잤다. 일어나서 밥을 먹고 다시 잤다. 정말 극단적인 사람이다. 어떻게 이렇게 많이 잘 수가 있지. 이제 이 겨울이 끝나기 전까지 다시 이렇게 자는 일은 없었으면 좋겠다. 밥을 먹으면 자니까. 밥을 안 먹으면 자지 않을 수 있겠지. 밥을 먹지 말자. 집에 있으면 밥을 먹으니까, 밥을 먹을 수 없는 곳으로 매일 떠나면 좋을 것 같다. 사람을 만나면 밥을 먹으니까 사람도 만나지 말고. 종종 글을 쓰기 전에 뭘 먹곤 하는데, 부족한 게 없는 상태에서, 가장 최선의 컨디션에서 쓰고 싶어서 먹는 거다. 근데 먹으면 잔다. 뭘 먹고 자면 일어나기가 더 힘들고. 자고 일어나면 글이 잘 써져야 정상인데. 뭘 먹고 자면 일어나지를 못하니까 글을 쓸 수가 없다. 그러니까 나는 뭘 안 먹어야 글을 쓸 수 있다. 그게 최선이다. 계속 굶고 있으면 종종 내가 밥을 먹지 않았다는 사실을 까먹곤 한다.

귀여운 시, 웃긴 시, 끔찍한 시

저는 시가 무엇인지 모릅니다. 그래서 시를 쓰기 전엔 항상 오늘 내가 시를 무엇으로 생각하고 싶은지 깊이 고민하는 편입니다. 지금까지 우리가 시라고 불렀던 글이 아니라, 터무니없는 형식과 화자를 가진 무엇이면 어떨까? 그런 고민을 자주 합니다. 그리고 최근에 생각이 가닿은 곳이 있다면. 터무니없는 행동이나 말은 귀엽거나 웃기거나 무섭다는 것입니다.

시 수업을 하면서 종종 여러분이 써 오는 시들을 읽다가, 웃긴 부분이 없는데도 너무 웃겨서. 웃다 보면 괜히 슬퍼져서. 이 시에 대해서는 할 말이 없어요. 너무 만족스럽고, 훌륭한 시입니다. 그렇게 감탄을 하곤 했습니다. 허를 찔리거나, 이상한 것을 보면 웃겨요. 저는 계속 웃고 싶고. 이번 수업에선 웃음에 대해 공부하고. 저를 웃게 만들었던 시들을 함께 읽고. 공부한 것을 잊고. 귀엽거나, 웃기거나, 끔찍한 시를 써보도록 하겠습니다. 귀여운 것은 종종 웃기고, 그로테스크한 이미지와 단어들의 나열은 본래 죽음과 동시에 웃음을 환기한다는 것을 저는 경험으로 알고 있습니다. 그러니까 이번 수업의 목표는 함께 터무니없는 것을 쓰고, 웃어 보는 것입니다.

신은 죽었다는 말은 지금 들어도 조금 웃긴 말 같습니다. 아도르노가 아우슈비츠 이후 시는 불가능하다고 했던 말 역시, 슬프고 무섭지만 웃음이 나오는 말 같습니다. 존 케이지의 4분 33초도, 연주회를 떠올리면 항상 그 엄숙하고 어색한 공기가 저를 웃게 만듭니다. 그러나 이렇게 제가 나열한 것들은 과거에 잠깐 웃겼던 무언가들에 불과합니다. 오늘 저를 웃겨주세요. 누가 그렇게 하겠습니까?

2020.11.22.   현명한 사람

갈등이 등장하는 이야기를 잘 만들지 못하는 이유. 그냥 현명한 사람이 등장하면 갈등을 부러 만들 이유가 없으니까. 그럼 현명한 사람들이 갈등하면 되겠지. 그 사람들도 원하는 게 있고, 포기할 수 없는 게 있으니까. 하지만 내 안에 있는 현명한 사람들은 아직 다툴 준비가 되지 않은 것 같다. 하농이 등장하는 시는 하농으로 갈등을 하는 사람들이 나오는 시였는데. 하농으로 싸울 이유가 충분하지 않기 때문에 그냥 접도록 하겠다. 인터랙트 게임 스타일의 속삭임이 등장하면 좋을 것 같다고 생각했는데. 이건 나중에 어디 써먹을 데가 있겠지.

애들이 싸우는 이유를 애들이 멍청하고 뭘 몰라서라고 구상하는 것도, 마치 동물들의 싸움처럼 묘사하는 것도 싫다. 놀리고 싶지 않다. 사소한 이유라고 해도. 내가 쓴 「모래밭」이라는 시에서 애들이 주인공 아이 놀리는 상황은 괜찮았던 것 같다. 자기 놀리는 애들이 친구가 아니면 그럼 뭐냐고 항변하는 진술도 마음에 들고. 그 시의 화자가 놀림받는 애의 부모였던 것도 마음에 들고. 예전에 성은 누나가 시원해요 팟캐스트에서 그 시를 낭독했는데, 그게 처음이자 마지막으로 누가 그 시를 내게 낭독해줬던 거였고. 아주 좋은 기억으

로 남았고. 그날 그 팟캐스트 녹음이 시를 쓰면서 내가 받았던 가장 좋은 선물이었던 것 같다. 나 갑자기 엄청 사랑받는 사람인 것 같다. 그런 생각이 들었지. 시간이 참 빠르구나. 포기가 너무 느렸다. 마음이 너무 바빠서, 시를 쓸 컨디션이 찾아오지 않아서, 추워서, 하농에 대한 시를 쓰지 못하고 있는 것만 같았는데. 그냥 내가 현명한 화자가 등장하는 시가 아니면 쓰지 못하는 사람이라서, 괜히 싸우는 사람들 등장시키겠다고 결심을 했더니, 사고가 지지부진 전개가 되지 않았던 것. 그래도 다음에 쓸 시에서 하농이 등장하긴 하면 좋겠다. 그냥 무대를 지나가는 사람 이름이라도 하농이라고 지어야지. 아 마음이 너무 좋네. 쓰지 않기로 결심할 때마다 열에 여섯은 짜릿하다.

연보

1987년 출생   6월 22일 한국 경기도 과천시에서 태어남.

1989년 2세   기억나지 않음.

1990년 3세   오이를 먹고 토함.

1991년 4세   책을 좋아하게 됨.

1992년 5세   성심유치원에 입학.

1993년 6세   시계를 볼 수 있게 됨. 예지유치원 입학.

1994년 7세   피아노를 배우기 시작함.

1994년 8세   관문국민학교에 입학함.

1995년 9세   초등학생 대상 그림대회에서 3등 상을 많이 받음.

1996년 10세   관문국민학교가 관문초등학교로 바뀜. 유복한 가정 환경 속에서 랍스터나 소고기를 많이 먹음.

1997년 11세   사람들로부터 미친놈이라는 소리를 많이 듣게 됨. 어머니가 울었음.

1998년 12세   관문초등학교 축구부에 입단.

1999년 13세   허윤희라는 동급생에게 호감을 표하지만 짝사랑으로 그침.

2000년 14세   과천중학교에 입학함. 성적이 크게 떨어짐.

2001년 15세   서점에서 책을 훔치다가 걸려서 크게 혼남. 성적이 크게 오름.

2000년 16세   경기도 육상대회 중등부 400m 달리기에서 3위 입상.

2003년 17세   공부를 하지 않고 시를 써서 대학에 진학하려고 함. 안양예술고등학교 문예창작과에 입학함. 박성준과 최원석을 만남.

2004년 18세   태어나 처음이자 마지막으로 문화생활이라는 것을 함. 친구들과 함께 '지구본 클럽'이라는 그룹을 만들어서 아무것도 하지 않음.

2005년 19세   가톨릭 성당에 다니기 시작함. 바우돌리노라는 세례명을 받다.

2006년 20세   2월 안양예술고등학교를 졸업. 3월 명지대학교 문예창작과에 입학. 잦은 음주로 인해 식도염, 십이지궤양에 걸림. 6월에 자퇴하면서 시와 멀어지게 됨.

2007년 21세   3월 한국예술종합학교 연극원 극작과에 입학함. 친구 민정기와 함께 동생 김지선이 유학 중이던 호주 시드니로 여행을 떠남. 자동차 사고가 남. 성당을 나가지 않게 됨.

2008년 22세   5월 단막 희극 「Formae」를 한국예술종합학교 식당 앞에서 초연하지만 별다른 반응이 없음. 이후 극단 '한배에서나온개새끼들'을 만들지만 몇 달 후에 없던 일이 되어버림. 밴드를 만듦. 이원 시인에게 수업을 들으면서 다시 시를 쓰기 시작함.

2009년 23세　　6월 『현대문학』 신인추천을 통해 시인으로 데뷔함. 김영재와 함께 인도 북부로 여행을 떠남. 인도를 증오함. 아직 시를 한 편밖에 발표하지 않은 상태에서 문학과 지성사와 구두로 계약함. 현대시 11월호에 「부담」을 발표함.

2010년 24세　　한국예술종합학교를 휴학함. 총 37편의 시를 발표함. 첫 시집의 표제작, 「에듀케이션」을 쓰고 강의실에서 낭독함. 김영재와 함께 인도 남부로 여행을 떠남. 중간에 김영재와 헤어져서 다시 인도 북부로 향함.

2011년 25세　　잠시 포항에 체류. 거기서 유일하게 첫 시집에 수록되지 않은 시 「토끼년」을 쓴다. 이랑에게 「나의 자랑 이랑」을 헌정함. 혹평을 받음. 안식년을 맞아 제주도로 떠난 대학교수 김태웅의 방에서 생활.

2012년 26세　　2월 한국예술종합학교를 졸업함. 다시 성당에 나감. 5월에 첫 시집 『에듀케이션』이 발간됨. 안양예술고등학교에서 시와 시나리오 쓰는 법을 가르침.

2013년 27세　　3월 중앙대학교 대학원 문화연구학과에 입학. 재미

	공작소에서 시를 가르침. 박성준, 김엄지와 함께 『소올반뗭』이라는 책을 출간.
2014년 28세	대학원 신문 편집장으로 일함. 대학원 수료.
2015년 29세	결혼을 함. 군대에 갔다가 사회복무요원이 됨.
2016년 30세	현대시학 작품상을 수상함.
2019년 33세	테드 휴즈의 『시작법』을 한국말로 옮김. 시집 『여기까지 인용하세요』가 발간됨.
2020년 34세	고양이 한지와 함께 살게 됨. 김영재와 함께 프랑스 파리로 여행을 감. 가다가 모스크바에서 비행기를 놓침. 손우성을 만나서 걸어 다님.

12월의 책
ⓒ 김승일, 2021

2021년 3월 30일 초판 1쇄 발행

지은이 | 김승일
펴낸이 | 김승일

펴낸곳 | badbedbooks
주소 | 서울시 마포구 망원로 65(망원동) 2층
홈페이지 | completecollection.org

ISBN 979-11-955565-3-3 03810

이 책은 저작권법에 의해 보호를 받는 저작물입니다.
이 책에 수록된 글을 사용하고자 할 때에는 반드시 저작권자와 badbedbooks의 서면 허락을 받아야 합니다.